赢得孩子
YINGDE HAIZI

王敏　赵马林　著

文心出版社
·郑州·

图书在版编目（CIP）数据

赢得孩子 / 王敏，赵马林著. -- 郑州：文心出版社，2025.1. -- ISBN 978-7-5510-3048-9

Ⅰ.G78

中国国家版本馆CIP数据核字第2024AV8909号

出　版	文心出版社
社　址	河南自贸试验区郑州片区（郑东）祥盛街27号　邮政编码：450016
发　行	新华书店
印　刷	河南华彩实业有限公司
版　次	2025年1月第1版
印　次	2025年1月第1次印刷
开　本	890毫米×1240毫米　1/32
印　张	7.5
字　数	160千字
书　号	ISBN 978-7-5510-3048-9
定　价	49.80元

如发现印、装质量问题，请与印刷厂联系调换。　电话：0371-18737139106

自序

家长好好学习，孩子天天向上

许多家长感慨："不见人长，只见衣服小，孩子一天一个样！"但随着孩子的迅速成长，家长和孩子之间往往会不断出现新的问题。成人为了获得一份工作，会去认真学习相关的专业知识，考取各种证书。而家长这一岗位，上岗前却不必参加培训，不需要上岗资格证，好像成人不用学习就能做父母。而养儿育女是世界上特别困难的工作，如果父母不学习家庭教育的相关功课，跟不上孩子成长的脚步，就很难成为合格的家长。有家长说与孩子相处是"一场不断升级的战争"，我不认同这样的说法。既然是"战争"，最后就一定会有输赢，但家长赢了孩子必定是悲剧。养育孩子的过程，家长和孩子要相互成长、相互成就，必须要"双赢"。虽然养育孩子是一门高深的学问，但家长只要积极学习，掌握孩子从小到大的身心发展规律，仔细观察自己的孩子，做好自己孩子的教育专家，就一定能读懂孩子这本说明书，从而做到未雨绸缪，对孩子在成长过程中遇到的一切问题都了然于胸。因此，作为父母，只有不断地积极地学习家庭教育相关知识，才能读懂孩子这本说明书，才能根据自己孩子的性格特点，做自己孩子的教育专家，才能把孩子成长路上的问题化有形于无形，孩子才能健康快乐地成长。

　　世界上没有"坏"家长，只有"笨"家长。从古至今，家长为了让孩子少经历苦难和挫折，让他们健康幸福地成长，都非常关心对他们的教育。而在教育的过程中，有些家长经常从自己的角度出发，为了不让孩子再经历家长所认为的那些痛苦，从孩子一出生，就给予他们莫大的期望，希望能把他们教育为有自信心、有能力、能成功的人。但由于这

自序

些家长不了解孩子的身心发展规律，在现实中往往会选择一些适得其反的教育方式，导致事与愿违；孩子往往也对家长的人生经验不屑一顾，这样的情况一代一代地重复着，最终偏离了家长教育孩子的初衷。

养育孩子的过程，也是家长成长的过程。纵观许多幸福的家庭，都有一个共同点：家长变"我执"为"执我"，少说多做，自律、自信、自立，做孩子的好榜样。孩子在潜移默化中受到家长的影响，便能如家长所盼，茁壮成长。对教育用心的家长，能不断地捕捉到孩子蓬勃的生命力，并反思自己的成长经历，从而领悟更多的人生真谛。孩子给家长的人生教育，比任何书本上的知识都丰富、鲜活。在教育孩子的过程中，家长应改变自己，为孩子营造良好的学习氛围，孩子从家长的优秀品质和积极态度中受到鼓舞，慢慢就会成长为家长想要的样子。

孩子是家长的一面镜子。在教育孩子的过程中，家长对自己的成长过程、个性品行也会有新的认识，进而审视自身，发现自己的问题，从而得到一个修复、改进、成长的机会。在养育孩子的过程中，父母不仅温暖孩子，孩子也同样温暖父母。

把孩子养大是家长的责任和任务，这个任务既可以被出色地完成，也可以草草了事。于细微之处见真章，一个人的能力更多地体现在他如何处理小事上。如果家长在日常养育孩子的过程中，因一些琐事感到痛苦，那一定是家长的原因。家长应抽空多学习养育孩子的知识，只有这样，才能轻松地把孩子养大。愿我们携手前行，让孩子健康快乐地成长！

因作者水平有限，书中观点难免有不完善之处，请读者提出宝贵建议，您的建议是我们继续前行的底气和力量。

作者
2024.9

目　录

自序　家长好好学习，孩子天天向上

第一章　成功是什么
1　成功是什么 / 2
2　孩子的幸福去哪儿了 / 6
3　人生和谐是什么 / 10
4　我们的人才观、价值观是什么 / 12
5　应该把最崇高的敬意献给孩子 / 15

第二章　安全感是孩子成长的基石
1　争分夺秒培养孩子的安全感 / 18
2　怎样消除孩子的不良行为 / 22
3　表扬和鼓励 / 25
4　鼓励孩子 / 28
5　自我价值感是自律的基石 / 30
6　如何建立自我价值感 / 32

7　自尊与他尊 / 34

8　尊重孩子真的很难 / 37

9　给孩子真正的选择 / 40

10　什么是尊重 / 43

11　孩子为什么会成为小混混 / 46

12　培养孩子的贡献感 / 48

13　静待花开，尊重儿童的成长节奏 / 50

第三章　教育是什么

1　教育的本质是什么 / 54

2　教育孩子就是在安全范围内充分训练孩子 / 57

3　既然是训练，就应该允许孩子犯错 / 60

4　为孩子而改变 / 63

5　好习惯成就孩子一生 / 65

6　教育犹如种庄稼 / 68

7　修学储能 / 70

　　——读叶圣陶《今日中国的小学教育》有感 / 70

8　兴趣班越多越好吗 / 72

第四章　教育方法

1　先处理心情，再处理事情 / 76

2　关注于解决问题 / 79

3　赢得孩子 / 81

4　可以有情绪，但要想清楚自己这样做的目的是什么 / 83

5　"懒父母"造就好孩子 / 85

6　做孩子的伙伴 / 87

7　如何帮助学习困难的学生 / 89
　　8　让孩子做家务劳动 / 91
　　9　训育孩子，身教胜于言传 / 94
　　10　善于发现孩子的闪光点，化弊为利 / 96
　　11　自然后果和逻辑后果 / 98
　　12　孩子玩手机，家长怎么办 / 101
　　13　孩子之所以优秀，往往源于家长的身教言传 / 104
　　14　如何将不良行为转向积极行为 / 107

第五章　良好的亲子关系价值千万
　　1　建立平等关系 / 112
　　2　举办家庭会议 / 114
　　3　良好的沟通是亲子关系的"润滑剂" / 117
　　4　与孩子共情 / 120
　　5　如何对孩子进行情感引导 / 122
　　6　平等和谐的亲子关系才是孩子的起跑线 / 125
　　7　如何培养孩子的责任感和价值感 / 127
　　8　无条件的爱是什么 / 130
　　9　真爱孩子 / 135
　　10　称职的父母会用爱给孩子打造一身铠甲 / 138
　　11　你会倾听吗 / 140
　　12　爱从倾听开始 / 143
　　13　孩子失败了，能批评他吗 / 145
　　14　不要体罚孩子 / 149

第六章　有和孩子划清界限的勇气

1　孩子考试好了，应该被表扬吗 / 152
2　为什么不表扬孩子 / 154
3　赢了孩子还是赢得孩子 / 156
4　家长在不知不觉中娇纵孩子 / 158
5　孩子不学习怎么办 / 160
6　信赖孩子 / 163
7　课题分离 / 166
8　比起被忽视宁愿挨批评 / 168
9　为什么孩子越被批评越表现不好 / 170
10　要用教科书，不要教教科书 / 172
11　发现孩子的闪光点 / 174
12　孩子真的不如自己吗 / 178
13　如何与孩子一起轻松生活 / 180

第七章　自驱力才是家长给孩子的唯一行囊

1　让孩子成长才是目的 / 184
2　日拱一卒，功不唐捐 / 186
3　教育孩子，改变自己，反求诸己 / 189

第八章　给孩子们的信 / 193

第九章　关于心理学的几个概念 / 217

结语 / 226
参考书目 / 228

第一章

成功是什么

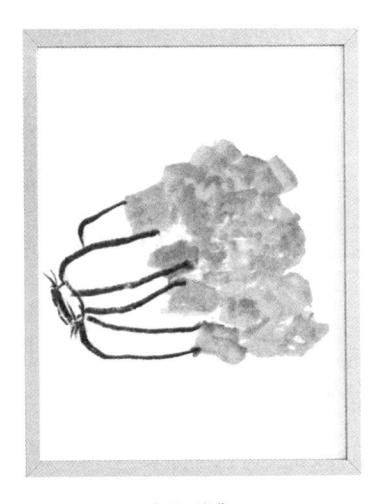

《白菜》

1　成功是什么

有一年,我应邀参加工会组织的家庭教育分享会,会上,一些考上重点大学的学生家长滔滔不绝地分享他们培育孩子的经验,比如,如何教孩子学习,如何让孩子上奥数班、各种学科培训班,如何给孩子办理转学手续,如何照顾孩子的饮食起居……在家长一系列的运作下,孩子最终考上重点高中、重点大学。有的家长甚至讲到,孩子只要学习好就行,其他一切与学习无关的事情都由家长代劳,孩子的学习成绩就是家庭的晴雨表。从分享会中,我得出一个结论,衡量一个人成功的唯一标准就是上好的大学,学习好一切都好,学习好才能带给家长们荣耀。

这不由得让我想起了媒体报道的神童魏永康。1985 年,只有 2 岁的魏永康就掌握了 1 000 多个汉字。4 岁时,他基本学完了初中阶段的课程,后来上小学后只读了二年级和六年级。1991 年 10 月,年仅 8 岁的魏永康连跳几级进入县属重点中学读书,13 岁考上湘潭大学物理系,是当年湖南省年龄最小的本科生,17 岁进入中科院硕博连读。可在 20 岁那年,在人生的高光时刻,魏永康却因为生活难以自理,最终被中科院劝退。而这一切,皆因为家长一直以来的越位、包办。生活中，母亲无微不至地照顾魏永康，给他洗衣服、端饭、洗澡。母亲坚信"万般皆下品，唯有读书高"，为了让魏永康在吃饭的时候不耽误看书，读高中的时候，还亲自给他喂饭。后来魏永康读湘潭大学时，母亲也一直跟在他的身边陪读，照顾他的饮食起居。进入中科院，没有母亲的照顾，魏永康在生活上不能自理，在学习上毫无自主性，无法适应高校独立的学习模式。魏永康退学后，他的母亲懊悔不已，后悔自己当初帮他做得太多，以致到了弱冠之年他依旧无法独立。魏永康父母对孩子的教育方式在当下仍然存在。家长都希望自己的孩子在人生的道路上能走得更轻松、更顺利，有些家长对孩子表达爱的方式却是无限付出、处处包办，最终，他们以不当的教育方式剪掉了孩子一飞冲天的翅膀。

　　本节开头家长们分享的成绩至上的观点真的是正确的吗？"神童"练成的背后，真的是成功与风光吗？魏永康的案例警示家长不能只注重孩子的学习成绩、只关注其是否出人头地，也不能只关注自我的欲望，而忽略了对孩子心灵、思想、自理能力的教育。如果不去培养孩子建立正确的幸福观，那么无论以后孩子取得多大的成就、积累多少财富，孩子仍会感觉不幸福。

　　当下经济高速发展，很多人急功近利，追求物质享受，认为升官发财才能成为成功人士，把金钱的多少、地位的高低看作衡量人生成功与否的标准，而这种标准恰恰忽略了正确的幸福观的内涵。人是一种很奇怪的动物，有时外表上看起来的成功，并不能给人带来真正的快乐。恰恰是这种功利的窄化了的幸福标准，使得许多家长不甘于让孩子做一个平凡人，为了满足自我的虚荣心和面子，家长经常拿自己的孩子与别人家的孩子作比较，产生焦虑，不管孩子是否愿意，对孩子的生活和学习横加干涉。

如果一个国家、一个民族人人都把升官发财当作幸福的标准，这个社会就出现了问题，把这样的价值观强加在孩子身上，孩子会失去学习兴趣，沦为追求物欲的工具，在精神层面缺乏滋养和发展，最终成为不完整的人，被精神世界的空虚所淹没。

《现代汉语词典》上写道，"成功"是"获得预期的结果"。季羡林说成功是由"天资＋勤奋＋机遇"共同决定的，而天资和机遇都不是我们自己能决定的，只有勤奋一项是由我们自己决定的，所以我们必须在这一项上狠下功夫。所以，成功是通过自己的努力达到预期的结果。谋事在人，成事在天，只管努力，其余的交给时间。人这一辈子，最需要的不是金钱、名望、地位等身外之物，而是心灵的宁静、和谐。没有心灵的宁静、和谐，无论积攒多少财富、取得多大成就，人还是会活得很难受。每个孩子都有花期，有的孩子冬天开花，有的孩子春天开花，家长所要做的，就是相信自己的孩子会开花，放慢脚步去等待、去捕捉花开的时刻，并全身心地去欣赏"花"的美好。可惜的是，大多数焦虑的家长连自己的花期都没有找到，更别说找到孩子的花期了。

教育是一种在安全范围下的充分训练。在孩子年幼时，家长应放手让孩子做自己能做的任何事情，没有被孩子邀请，家长千万不要参与其中。孩子只有经过充分的训练，各种能力才能得到充分发挥和拓展，才能不断提高解决问题的能力，从而越来越自信。我们要明白，今天孩子的状态决定了他们 30 年以后过什么样的生活，只有今天把孩子教导好了，他们才有能力解决明天在生活、工作中遇到的问题，今天能解决小事，明天就能解决大事。

内观自己平静，外观别人焦虑。

2　孩子的幸福去哪儿了

多年以来，我们一直在探究：究竟如何做才能获得真正的幸福感，幸福到底是什么？我们来看三个具体案例：

案例一：我们大都坐过地铁或者公交，有调查显示，在坐地铁或者公交时，让座位的人比不让座位的人下车后感觉更加轻松愉悦。

案例二：我们都帮助过别人，力所能及地帮助别人之后，满满的幸福感会油然而生，这种幸福感是通过帮助别人产生的。

案例三：《小王子》中有一个故事情节，有一天小王子来到一个星球上，发现有个人在不停地做算术题，想算清楚他到底占有多少颗星星，夜以继日，长年累月，连喘气的时间都没有。小王子说，你为什么不看看日落？他说没时间。小王子叹了口气说，你简直不是个人，就是一个蘑菇。

仔细想一下，我们当下不是有一些人像《小王子》中的蘑菇先生一样迷失了方向吗？迷失在对外界的欲望里，每天忙忙碌碌，很难找到真正的幸福，到老都不会感到幸福。人的幸福不是取决于占有多少财富、过着多么奢侈的生活，而是在于内心有没有酿造幸福的能力，有没有获得幸福的智慧。如果没有获得幸福的能力，富翁也会彻夜难眠。一个人如果活得不幸福，即使成功了，那也是别人眼里面的成功，而不是他内心的成功。

当下，很多家长对幸福的概念窄化了，以为孩子考上"清北"、工作体面、赚很多的钱就是成功，只有成功了才能幸福，其实这是对幸福的误解，是一种非常狭窄的幸福观。这导致我们对人才产生误解，以为只要考上重点小学、重点高中、重点大学，孩子就是人才，就成功了，就幸福了。其实这是家长的幸福观，不是孩子的幸福观。家长想象的孩子的幸福与孩子心中的幸福有可能是背道而驰的。家长把孩子当作工具一般和别人的孩子进行比较，这样的价值观、幸福感传导在孩子身上，孩子就会失去对学习的兴趣、对生活的热爱。如果只是一味地逼孩子学习书本中的知识，随着孩子年龄的增长，他们对知识学习的渴望度会越来越低。当孩子大学毕业，如果失去了读书的兴趣和人生的追求、远大的理想，怎么能过好幸福的一生呢？

我们走得太急了，把求学读书、勇争第一当成孩子追求物质生活的必由之路，这样的幸福观怎么能持久呢？如果站在五十年或者更长的时间看当下做的事情，或者站在更高的视角看当下的生活，我们就能紧紧抓住生命的核心，自然地活着，真实地活在当下，我们就不会焦虑。

人是一种很奇怪的动物，外表上看起来的"成功"，往往并不能给人带来长久的真正的快乐。我们应该在夜深人静的时候好好考虑一下自己每天都在干些什么。我们生活在一个多元、被多种价值观裹挟的世界，若把生命过多地消耗在追求所谓的速度、成功、金钱上，幸福就会成为一种奢侈品。环顾周围许多人，有了稳定的工作想出人头地，出人头地了想当个大官，有了100平方米的房子想换更大的房子，有了更大的房子还想换更好的小轿车；孩子生病了希望孩子赶快好起来，病好了希望孩子学习好，希望孩子上重点小学、重点中学、重点大学……我们的欲望什么时候才能满足？没有满足时，我们感觉不到幸福，就算有一天所有的欲望都满足了，我们仍然感觉不到幸福。我们已经在多如牛毛的价值观里迷失了自己，我们远离了作为人的本来含义，远离了真正的自我，我们总是在无休止地追逐别人眼中所谓的成功，而浪费了自己短暂的一生。

我们应回想一下诸葛亮以身为鉴，留给孩子的《诫子书》：

"夫君子之行，静以修身，俭以养德。非淡泊无以明志，非宁静无以致远。夫学须静也，才须学也，非学无以广才，非志无以成学。淫慢则不能励精，险躁则不能治性。年与时驰，意与日去，遂成枯落，多不接世，悲守穷庐，将复何及！"

这段话告诉我们人在满足物质层面需求的同时，也要满足精神层面的需求。我们平时要注意修身，要静、要俭、要明志，才能更好地教育孩子。

总之，幸福的感觉别人永远给予不了，别人给予的东西只能为我们带来短暂的快乐，能把快乐掌握在自己的手中的人才更容易获得幸福，幸福是由个体内心产生的满足感、愉悦感，幸福感是由内心生发的，而获得幸福感是一种人生智慧。一个人如果没有幸福的能力，无论积攒多少财富、取得多大成就，还是会活得很难受,过不好自己的一生。我们作为家长,一定要把幸福的能力传递给孩子。让孩子拥有幸福的能力,前提是家长要做好榜样,只有家长幸福了,才能把幸福的能力传递给孩子。

> 物质的缺乏叫作"穷",
> 　　精神的缺乏叫作"病"。

3 人生和谐是什么

有这么一段话：在你周围的十个人中，势必会有一个人，无论你做什么，他都会批判你、讨厌你，而你也不喜欢他，十个人中也会有两个人能够成为与你互相接纳的好朋友，剩下的七个人，则两者都不是。

你是关注讨厌你的那个人，还是聚焦于接纳你的那两个人，或者是关注异于二者的七个人？缺乏人生和谐的人，往往只关注讨厌自己的那个人，并以他对自己的看法来进行自我判断。

比如，有一个口吃的学生，依照开头的说法，笑话口吃的人只是极少数，最多在十个人中有一个，而对于持嘲笑态度的人，这个学生可以主动切断联系。但是，如果缺乏人生和谐，这个学生就会只关注嘲笑自己的人，并因此推断大家都嘲笑他。将焦点聚集到自己的弱项，并企图以此来评价自我，这就是缺乏人生和谐的错误生活方式。

再如工作狂，也是缺乏人生和谐。他们只关注人生的一个方面——工作，但人的一生不仅仅只有工作。他们常辩解，说因为工作忙，所以无暇顾及家庭和孩子，这其实是谎言，他们只不过是以工作忙为借口来逃避其他责任。心理学家阿尔弗雷德·阿德勒不认可任何一方面占主导的生活方式，在某种意义上来说，那是一种不敢正视人生课题的生活方式。工作并不仅仅是指在公司上班，家庭里的家务、育儿、对社区的贡献、个人兴趣等，这一切都是工作，在单位的工作只不过是生活的一部分而已。只考虑工作单位的工作，是一种缺乏人生和谐的生活方式。任何人都有不在单位工作的时候，例如退休或者因为受伤无法上班，这时候，那些缺乏人生和谐的人就会受到非常严重的打击。所以说，工作狂是缺乏人生和谐的人。

勿忘生活，人生和谐。

4　我们的人才观、价值观是什么

当下,一个人格健全、情操高尚、精神蓬勃却学习不好的孩子往往不被看作榜样,因为一些家长根本不注重这些方面。而一个成绩好的孩子,无论他人文情怀多么淡薄、心胸多么狭隘、精神世界多么苍白、动手能力多么差,都会成为一些家长心中的好榜样。而那些只关注学习成绩的学生在顺境中或许还能平安无事,但是一个人的一生能够永远平安无事吗?每个人的一生都会有不顺的时候。遇到不顺,遇到挫折、挑战,那些只关注学习成绩的孩子就易于走极端,变得一蹶不振,或者伤害自我、亲人以及社会。

如果我们唯成绩论,说明我们自身的价值体系导向没有与时俱进,物质生活与精神生活脱节。我们应扪心自问:我们的价值取向到底是什么?在我们心中,成功的标准到底是什么?我经过对周围朋友和一些学生的调查发现:有的小学生是为父母而学,有的高中生和大学生的学习目的是找个好工作,比如当公务员。家长心目中成功的标准大都是挣大钱、当大官、成大名,认为只有这样才算是成功人士,才算是有出息,但这种成功只是结果意义上的成功,而不是过程上的成功。有些家长持短视教育观、结果教育观,认为孩子不能输在起跑线上,在拿自己的孩子和其他孩子进行比较的时候,会恐慌,过度焦虑,于是盲目跟风报各种兴趣班,让孩子在千军万马中挤上独木桥,至于孩子是否感兴趣、能否学到知识、将来是否快乐,那是孩子自己的事情。一些父母为了孩子能读好书、考出好成绩,不断给孩子安排各种学习活动,不断地激励孩子上进,不停地让孩子去拼搏,这其实源于家长的过度焦虑。家长对孩子未来的不确定性充满恐慌,并把这种恐慌转移到孩子身上,让孩子什么都学,什么都要学好,胜出常人。父母永远是不知足的,"鸡娃"是"我执"的表现。生病时,希望孩子赶快好起来;病好了,希望孩子学习好;学习好了,希望孩子的业余爱好更丰富。

我有位邻居,养育了三个孩子,小女儿备受父母、哥哥和姐姐的宠爱,家长对她的要求就是好好学习,家务一律不用做。小女儿在学习上也很用功,顺利考上了一所名牌大学,毕业后结婚生子,是邻居们口中的好榜样。结婚三年后,小夫妻闹矛盾后离婚,小女儿回到娘家后,待业在家,不出去工作,好吃懒做,经常打骂父母,邻里关系闹得也非常紧张,邻居们都说她"没有长大成人"。家长后悔不迭,后悔当初只关注孩子的学习成绩,忽略了孩子作为人应具备的最根本的底色——爱、良知,导致她在人格方面甚至连一个婴儿都不如。这正是家长只重视知识教育,而忽略道德等方面教育的结果。

某日,我在公交站牌等公交车,不一会儿,车门打开了,广播里放出:"请先下后上,尊老爱幼,给有需要的乘客让座……"学生们一个个拼命往车里挤,然后抢座位,只有个别学生主动给身边老人和带小孩儿的乘客让座位。在孩子上小学一年级甚至上幼儿园时，成人就教育孩子在公共场所要排队、有秩序……但有些孩子的行为和他们听到的道理是分离的。家庭、学校、社会经常强调道德、良知的重要性，但是家长应扪心自问，我们是否做到了呢？我们如果做不到，极有可能成为说一套做一套的两面人，怎么能给孩子做好榜样呢？说到底，是我们的价值观出现问题了。

教育是一个长期工程，而非一时的得失。每个孩子成长的花期都不同，家长要放慢脚步，耐心等待，信赖孩子，做孩子的榜样。家长唯一能改变的，只有自己，当自己变得越来越好了，所有的事情都会变好。"鸡娃"不如"鸡自己"，身教胜于言传，家长只有自己先变得优秀，孩子才能变得优秀。

> "鸡娃"不如"鸡自己"，
> 　"我执"变"执我"。

5　应该把最崇高的敬意献给孩子

当下,许多为人父母者认为是自己创造了孩子,而从遗传学角度看,胎儿的孕育过程是胎儿与母体相互博弈谈判的过程,是母体基因跟父体基因互相妥协、和谐共生的过程。父母仅仅提供了两个肉眼看不见的细胞,母体为受精卵提供了适宜的生长环境,胎儿则按照自己的节奏不断成长。婴儿出生后,时刻在向周围的人学习,在英语人群中学习英语,在汉语人群中学习汉语,在其他语种的人群中学习相应的语言,他们可以在24个月内学会人类社会中任何一种复杂的语言。好像有一种神秘的力量在发挥作用,使他们自觉发展,让他们发挥出所有的功能。每个儿童的心理、生理情况都不相同,我们把儿童在心理和生理上的自我发展当作一种实体化的过程。

人们所面临的最大问题之一就是经常忽视儿童积极的实体化的过程,认为是父母创造了孩子。父母经常以惊人的力量阻碍孩子的自由发展,却忽视了孩子本来具有的神秘的、可自由发展的实体化力量。有些无知的家长对孩子的"关爱和帮助",会在不知不觉中对孩子产生一种负面的影响,阻碍孩子正常发展,甚至会导致一些孩子的心理发生畸变，而这种畸变最初家长很难觉察。所以，为人父母者一定要学习一些与儿童生理、心理相关的知识，遵从孩子的成长规律，为儿童创造适宜的成长环境。

> 儿童是成人之父，我们应该把最崇高的敬意献给儿童。

第二章

安全感是孩子成长的基石

《绽放》

1 争分夺秒培养孩子的安全感

纵观所有有问题的孩子，我们常发现问题本身大都无足轻重，而问题背后的原因才是真正需要关注的。一旦大人真正了解到一个孩子行为不当背后的真正原因，就能恰当地给予孩子帮助。

根据马斯洛的五个需求层次理论，安全需求和归属需求分别属于第二、第三层次。

马斯洛需求层次理论图

自我实现	道德、创造力、自觉性、问题解决能力、公正度、接受现实能力	高级阶段 / 成长
尊重需求	自尊、信心、成就、尊重他人、被他人尊重	中级阶段 / 归属
爱与归属	友情、爱情、性亲密	
安全需求	人身安全、健康保障、资源所有性、财产所有性、道德保障、工作职位保障、家庭安全	低级阶段 / 生存
生理需求	呼吸、食物、水、睡眠、生理平衡、分泌、性	

（先低级阶段后高级阶段）

第一层次是生理需求。吃喝拉撒睡，在家长的照顾下孩子大都能做好，不再赘述。

第二层次是安全需求。用英国心理学家鲍尔比的依恋理论来说，成年人的人格是由个人在生命不成熟的时期与关键人物互动形成的。一个人在婴幼儿时期，遇到困难时就知道应向哪些人寻求帮助，知道哪些人可以帮助他实现愿望，然后这种情况被反复地验证，并因此拥有安全感。有了强大的安全感，他就会满怀信心地融入这个世界，在面对潜在危险的时候能够有效地处理问题或向他人寻求帮助，并在情感维度上获得客体永久性，这种客体永久性可以使他产生内心归属感，即使亲人不在眼前，他也会感到非常安全。

安全感的培养产生于人的婴幼儿时期，俗话说"三岁看大"，其实这句话的精髓是：一个孩子的人格水平决定了他一生的成就。安全感是人格水平最重要的组成部分。安全感对于一个人来说非常重要，它的重要程度超过了一个人的出身、学历、财富、地位，直接决定了一个人的生活质量。

安全感好比盖房子、修路，而盖房子、修路往往需要用混凝土，婴幼儿时期的孩子就像混凝土。混凝土刚搅拌好时，把它做成什么形状都可以，可以是方的、圆的，也可以是长的、扁的……如果没做好，还可以立刻毁掉重来，因为没有成型。但是过一段时间，等混凝土凝固成型后，再想改变它的形状就非常困难。所以在婴幼儿时期，要培养孩子的安全感，必须做到以下两点：一是要抢时间，争分夺秒，来不得半点儿马虎，家长要全心全意扮演好自己的角色，如果这时候用心了，孩子就会越来越省心，反之，孩子在成长中就会出现各种问题；二是孩子要有依恋对象，安全感的树立与关键人物有直接关系，这个关键人物就是孩子的依恋对象，如母亲、父亲，或其他人。

如何建立孩子的安全感？家长应该在温柔而坚定的爱的前提下教育孩子，温柔可以让孩子感受到家长无条件的爱，坚定可以让孩子有边界感，有规则意识，而不是一味地对孩子溺爱和纵容，没有边界感的爱也能让孩子产生不安全感。

孩子一旦在内心构建起了安全感，就不怕延迟自我满足，就会乐于安排和利用自己的时间，因为他们坚信，自我满足的机会还会出现。

在我儿子三岁的时候，夏季的一个晚上，我带他去超市。去之前和他商量好了，允许他在超市买一样自己喜欢的物品，结果儿子买了一包糖果。我告诉他，晚上吃糖果不好，可以把糖果放到枕头下边，第二天早上再吃，儿子随即答应了。回家后，他闻了闻糖果的味道，便把它们放到枕头下面。家人看到后瞠目结舌，觉得奇怪："这孩子，怎么这么容易沟通？不像平时见到的一些孩子，不让吃糖果，就大哭大闹！"这就说明孩子安全感充足，相信未来，坚信满足的机会还会再次出现，所以并不急于眼前的自我满足。经常被无视的孩子就没有这么幸运，他们内心深处缺乏安全感，过于恐惧世界和他人，无论获得多少利益，总有一种"我拥有的还不够多"的感觉。

第三层次是归属需求。归属感不是生来就有的，我们必须积极地参与到共同体中才能得到，必须靠自己的双手主动去获得。时常考虑自己能为共同体做些什么，能给他人什么，而不是他人能给自己什么,把对自己的执着变成对他人的关心,这样内心才能产生归属感。比如在工作中,我们只有在为单位创造价值,为共同体服务时,才能感觉到自己有存在的价值,从而产生归属感。反之,如果在共同体中感觉不到自我存在的价值,就感觉不到归属感。在家庭中,我们让孩子感受到归属感的前提是让孩子感受到自己有价值,在家庭中是一个有用的人,值得被爱。家长无条件地爱孩子和让孩子参与家务劳动、承担相应的家庭责任是建立孩子自我价值感的前提。

所有有问题的孩子都是以错误的观念在寻找安全感、归属感和价值感。

2 怎样消除孩子的不良行为

安全感和归属感对孩子的健康成长非常重要。由于孩子在青少年时期身体发展和心理发展不一致，往往呈现出观察力强、感知力弱的特点，有时候孩子会错误解读家长的行为，为了索求家长的称赞、寻求家长的关注，获得所谓的安全感和归属感，常采用权力之争、报复、自暴自弃等错误观念和错误行为，以确保自己在共同体中的特别地位。但是，孩子意识不到自己的观念和行为是错误的。所以，多关注孩子的状态有助于家长采取有效的行动，帮助孩子以正确的方式获得安全感和归属感。

孩子的行为是以自己的感知为基础的，而不是以事实为基础，所以家长正确理解孩子行为背后的原因非常重要。对于不同的原因，家长采用的干预和鼓励的方式也不一样。家长要识别孩子行为目的背后的错误观念及其错误原因绝非易事，可以通过成人对孩子行为的情感反应、要求孩子停止某行为时孩子的回应两条线索进行识别。

美国教育家德雷克斯列出了孩子的四个错误观念和错误行为。

1. 寻求过度关注——孩子的错误观念：只有在得到成人关注

时，自己才有归属感。成人对孩子行为的情感反应——心烦、恼怒、着急、愧疚；孩子对成人行为的回应——暂停片刻，但很快又回到老样子，或换成另一种扰人的行为。

2. 寻求权力——孩子的错误观念：只有当自己说了算或至少不能由他人对自己发号施令时，自己才有归属感。成人对孩子行为的情感反应——被激怒，受到挑战、威胁，被孩子击败；孩子对成人行为的回应——变本加厉、表面屈从、消极对抗，看到家长或老师生气就觉得自己赢了。

3. 报复——孩子的错误观念：虽没有归属感，但至少能让他人同样受到伤害。成人对孩子行为的情感反应——受伤害，失望、难以置信、憎恶；孩子对成人行为的回应——反击，伤害别人，毁坏东西，以牙还牙。

4. 自暴自弃——孩子的错误观念：不可能有归属感，放弃自我。成人对孩子行为的情感反应——绝望，无助，无能为力；孩子对成人行为的回应——更加退避、消极，毫无改进，毫无回应。

分析以上孩子错误行为背后的原因，我们就会了解到一个行为不当的孩子是一个丧失信心的孩子，这种信心的丧失来自其失望的情绪，以及没有归属感和自我价值感。成人只有理解问题背后的真正原因，才会想办法鼓励孩子，鼓励是改变孩子行为最有效的方法。尽管鼓励能帮助孩子消除不良行为，但对一个正在做出不当行为的孩子进行鼓励却不是一件易事，况且许多家长不知道什么是鼓励。鼓励，是让孩子掌握人生技能和培养他们社会责任感的有效方式，正如植物对水的依赖，没有鼓励，孩子就无法更好地生存；鼓励，是给孩子提供成长机会，培养孩子"我有能力，我能贡献，我能处理发生在我身上的事情，我知道我该怎么回应"的感知力。鼓励不仅要用在孩子做对事的时候，更要用在孩子行为不当的时候。

一个受到鼓励的孩子不需要行为不当。

3 表扬和鼓励

我们经常听到这样一句话："好孩子是夸出来的。"这句话乍听好像正确，其实仔细分析就会发现，夸奖本身就存在问题，不正确的夸奖方式往往会使孩子依赖于他人的评价，长大后完全活在他人的评价中，慢慢地变成讨好者或总是寻求别人认可的人，甚至会为了迎合别人的期望，逃避做有挑战性的工作。

表扬对孩子来说，就像青霉素治疗某些疾病一样，虽然效果非常好，但是绝不能滥用。一方面，经常表扬孩子，很可能会导致孩子得不到表扬就不好好做事。如：孩子在街上发现了垃圾，捡之前会先确认一下周围有没有表扬他的人，如果没有表扬他的人就不去捡。另一方面，即使被表扬了孩子也不会开心，因为没有受到大人平等的对待。表扬是一种自上而下的评价，通常发生在上下级关系中。如，妻子不会因为丈夫在公交车中没有吵闹，安静地待着而去表扬丈夫，因为丈夫能够做到这一点是理所当然的事情。如果丈夫因此而被妻子表扬"真了不起"，他一定会感觉妻子小瞧自己。既然这样，我们为什么要表扬孩子呢？

鼓励是基于横向关系的援助，是一种平等的关系。鼓励别人时，只说出自己内心的感受即可,而不用评价他人。如:"谢谢。""我非常高兴。""你帮了大忙了。"……被鼓励者在听到别人感谢自己的时候,知道自己可以为别人做贡献,会增加自我的价值感。一个人只有感觉自己有价值时才会自我认可,这种自我认可是通过为他人服务体会到的,而不是源于别人的评价。所以表扬一个人"很好"不能激发其内在动力,而对一个人说"谢谢"则可以让他体会到自身的价值,从而树立自信。

鼓励的长期效果在于它能让孩子自信、自立,表扬的长期效果则会让孩子依赖于他人。在生活中,成人应该多描述孩子好的行为让你产生的感觉,鼓励孩子的做事过程。如当孩子打扫了院子之后对孩子说"辛苦了",或者对孩子说"院子看上去多干净啊",让孩子看到他的成绩或了解你的感触。

鼓励,可以让孩子更好地掌握必需的人生技能,并培养他们的社会责任感。鼓励有五种方法:一是在孩子伤心时大人给孩子一个拥抱;二是孩子做对事后大人应欣赏和认可孩子;三是孩子寻求帮助时,大人给孩子一个"急救包";四是孩子做错事的时候,给孩子一个弥补的机会;五是给进入报复阶段的孩子一个真诚的道歉。

如果你分不清哪些是表扬的话语,哪些是鼓励的话语,可以从这四个方面进行判断:是激励孩子自我评价,还是让孩子依赖于别人的评价?是尊重孩子,还是在摆家长的架子?是看到了孩子的观点,还是只看到了自己的观点?会对朋友和爱人说这些话吗?如果前三个方面都符合前者的观点,最后一个方面答案为肯定,则为鼓励性话语,反之则为表扬的话语。

第二章 安全感是孩子成长的基石

口吐莲花，不要口吐镰刀。

4　鼓励孩子

鼓励是让孩子拥有立足现在、不惧未来的勇气。

鼓励对于表现好的孩子来说，就是让他们感觉良好，从而做得更好的一个拥抱、一声"谢谢"、一个支持的眼神；对于遇到困难的孩子来说，就是对他们的理解或者为他们提供的即时解决问题的方法。

家长在以上两种情况下对孩子进行鼓励比较容易，而对于行为不当的孩子进行鼓励却不是一件容易的事，因为我们的旧观念让我们坚信惩罚才能帮孩子改正不良行为，才能让孩子变得更好。特别是面对正在犯错的孩子时，大人认为应该及时批评孩子，如果此时不批评，就让孩子"得逞"了。而此时我们真正需要做的是积极暂停，先处理好彼此的心情，再处理事情。其实孩子行为不当的真正原因是孩子缺乏归属感和安全感，他们一直在通过错误的观念和行为来试探家长是否爱他们，是否关心他们，家长最需要做的是理解他们，并与他们共情，为他们提供一个即时解决问题的方法或让他们做一件有自我价值感的事情。

有一次我们全家去登山，回来后我饥渴难耐。我三岁的儿子说他非常累，无法自己爬楼梯，走得非常慢。我明白他的意思，他想让我抱着他上楼。按照以往的做法，我会对他不理不睬或者背着他上楼。但通过学习育儿知识，我知道了对待孩子的态度要温柔而坚定，不能图省事，不能为了不让孩子哼唧就满足他的任何要求，当然也不能发怒并斥责他，这不仅解决不了任何问题，反而证明我们没有解决问题的方法。于是我改变之前的做法，告诉孩子："我给你力量吧。"然后拍拍他的屁股并大声告诉他："给你力量！"他听后很高兴，顿时浑身充满了力量，鼓足劲儿爬楼梯，我则在后面假装追不上。

通过这件事，我明白了当孩子遇到困难时，应先和孩子共情，理解他，然后想办法与孩子一起解决问题，在解决问题的过程中让孩子感受到自己的价值和能力。

鼓励就是培养孩子立足现在、不惧未来的勇气。

5　自我价值感是自律的基石

高考后，我的手机满屏都是自律的孩子才能获得成功的文章，但是如何让孩子养成自律的习惯？我通过翻阅资料发现，家长温柔而坚定的无条件的爱以及让孩子参与家务劳动，孩子才能产生自我价值感，才能变得自尊、自律、自信，并生发出自驱力。

自我价值感是自律的基石，必须让孩子在童年时期就建立起自我价值感，成年之后则很难建立。也就是说，如果孩子在儿童时期建立了自我价值感，那么成年后往往在面对困难时拥有顽强的意志。如何让孩子产生自我价值感？有两个途径。

一是家长对孩子温柔而坚定的无条件的爱。无条件的爱能让孩子感觉到自我价值，无条件的爱是家长对孩子的付出，是关注、倾听孩子，是给予孩子勇气，是鼓励孩子独立，是引导孩子接受分离，是履行对孩子的诺言，是跟上孩子成长的脚步，是随孩子一起成长，是家长自律，是尊重孩子，是给孩子充分的选择，是让孩子如其所是地成长。父母无条件地爱孩子的行为不但有益于孩子，更有益于我们自己。我们在养育孩子时，自己也会得到养育。孩子给予我们的人生教育，比上学时任何一本教科书带给我们的教育都多。

二是让孩子承担一定的家庭责任。让孩子承担家庭责任最简单的方法就是让孩子参与家务劳动，参与家务劳动可以让孩子产生自我价值感，从小感觉到自己的价值。现在的孩子从出生开始，就被强壮、能干、聪明、敏捷的大人包围了。大人如果在所有的方面都表现得比孩子优秀，让孩子望尘莫及，孩子感受到的就会是自己的无能和失败。孩子花10分钟才能勉强系好鞋带，家长5秒钟就搞定了；孩子折腾出了一身汗才穿好裤子，爸爸却哈哈大笑说穿反了，并顺手给更正过来；孩子吃饭手眼配合不好，家长干脆夺过碗喂孩子……家长替孩子包办一切，只能让孩子感到自己没有价值。

家长没有想到，自己给孩子提供的那些孩子不需要的帮助，对孩子来说是一种压制，这种压制与孩子经受的其他压制相比，对他们的影响最大。

转变孩子在家庭和学校的角色，做好角色分离。

6　如何建立自我价值感

有时候，孩子明明拼命学习了，成绩却还是不理想，最终丧失掉学习的信心。其实，成绩不理想只是表面现象，造成这种现象的深层次原因是孩子在生活方面失去了勇气和信心，认为自己毫无价值，不喜欢自己。找不到自我价值感，直接导致孩子无法鼓起勇气面对所有需要由自己解决的课题。面对这种情况，最好的解决对策就是家长不要再紧盯孩子的学习，而要在其他方面激发孩子的贡献感，让孩子形成自我价值感，慢慢喜欢上自己，从而培养出自信、自律、有内驱力的孩子。

自我价值感的产生，源于孩子感觉到自己有存在的价值。家长怎么做才能培养孩子的自我价值感，让孩子喜欢上自己呢？

首先，放大孩子的优点。在日常生活中，家长应该忽略孩子的缺点，放大孩子的优点。比如孩子喜欢动，不喜欢静，家长可以鼓励孩子多参加喜欢的运动项目，忽略孩子不喜欢安静的缺点，这样既能让孩子在户外消耗掉多余的精力，又能让孩子通过体育比赛找到对自我价值的认同感，产生自信。

其次，家长要善于示弱，做事时多让孩子帮助自己。在帮家长做事的过程中，孩子会感到自己对他人有贡献，增强自我价值感，这时仅仅对孩子说声"谢谢"即可（对于孩子分内的事不要说"谢谢"，不要让孩子感觉处理自己分内的事是家长的责任），孩子便能够感觉到自己的价值，从而喜欢上自己。

最后，让孩子承担家庭责任。家长一定要让孩子参与家务劳动，当家长给孩子布置家务，孩子能愉快、自豪地完成这些家务时，孩子内心就会产生一种自我价值感。这样既培养了孩子的贡献感、自信心，又让孩子自信地面对日常生活。

> 一个行为不当的孩子是一个丧失了信心的孩子。

7　自尊与他尊

有些人生活得非常累,经常拿别人的长处与自己的短处作比较,完全活在别人的嘴巴里,根据别人的反应来判断自己行为的对错,没有活出自我,没有真正关注自己的需要。长此以往,这些人就变成了"讨好者",不去倾听内心的声音,不会自我评价和内省,这是典型的"他尊"行为。拥有"他尊"行为的孩子未来的人生注定是灰暗的,是人云亦云的,是没有底气的,想要改变现状,家长要刻意培养孩子的自尊心。

自尊是尊重自己,不向别人卑躬屈膝,也不容许别人歧视、侮辱,即自我肯定,自我认可,并自我感觉良好,认为自己是一个有价值的人,感到自己值得被别人尊重,而不是依赖于别人的赞扬或评价,能够接受个人的不足,是一种健康的心理状态。自尊来自自我价值感,自我价值感是指个体看重自己,觉得自己的才能和人格受到社会的重视,在团体中享有一定的地位和声誉,是一种积极的情感体验,并不依赖于别人的赞扬或评价。当一个人拥有自我价值感时,会坚信自己是值得被爱的,内心会充满力量,对未来会充满期待,对人生会拥有极高的热情,自尊水平往往较高。一个拥有高自尊的孩子，对自己的评价也会很高，能感觉到自己的重要性，自律性会更强，自然能管好自己。反之，如果一个人自尊水平低，就会觉得自己是没用的，从而失去目标和动力，为了寻找安全感、归属感，很容易加入"小团伙"。

自尊不能由他人给予，是孩子从解决问题中获得的，是在不断提升自我能力中获得的。父母应注重对孩子自尊的培养。如何培养孩子的自尊呢？

一、安全感是培养自尊的底线。让孩子每天都能感觉到父母无条件的爱，孩子才能拥有安全感和价值感，感觉到自己值得被爱，从而拥有自尊。

二、倾听是培养自尊的前提。家长应耐心倾听孩子，倾听能让孩子感受到被爱和被尊重，从而与孩子建立和谐的亲子关系。家长倾听孩子，孩子才能感受到被尊重。

三、和谐的亲子关系是培养自尊的关键。家长要做孩子的好伙伴，在与孩子玩耍时，要做到与孩子共情、轮流谈话、充分交流，鼓励孩子自我创造，培养孩子的好奇心。家长应在游戏中享受亲子乐趣，让孩子感觉到对他无条件的爱。

四、责任是培养自尊的抓手。鼓励孩子承担相应的家庭责任，孩子就会慢慢变得自理、自立、自强，觉得自己能干，从而受到鼓励；给孩子选择的自由，自己的事自己做主；经常对孩子说"如果你想的话""如果你希望""你来决定这件事""这真的取决于你自己""这完全是你的选择""我尊重你的决定"……

五、鼓励是培养孩子自尊的加油站。家长要认可孩子取得的每

赢得孩子

一次成功，鼓励孩子的做事过程，忽略孩子做事的结果；家长要接受孩子的过失，帮助孩子正确地看待错误，鼓励孩子把错误当作成长的垫脚石。

> 家长能给孩子的唯一行囊就是自驱力。

8　尊重孩子真的很难

大人经常以比孩子有经验、学历高为前提，以强者、智者的身份认为自己的行为一贯是正确的，要求孩子必须依据自己的标准行动，以圣人为模范高标准要求孩子，让孩子成为"完美的孩子""理想中的孩子"；对待孩子一味傲慢，忘记了当下自己身边的孩子是有缺点的；以为孩子按大人的要求做事就会发展得好，孩子就能成为模范……其实，大人这样做并没有平等地对待孩子，也没有尊重孩子，反而更容易伤害到孩子。

尊重是实事求是地看待一个人，并认识到其独特的个性、能力，努力使对方能成长和发展为自己。大人都是从孩子成长而来，但是大人在成人之后很少能记得这一点，即使记得，也很难共情孩子。大人一直用自己心目中理想孩子的标准去要求现实中的孩子。大人希望自己的孩子落落大方、慷慨豪爽：其他小朋友要孩子的玩具，孩子痛快给予；与其他小朋友闹矛盾，孩子爽快地赔礼道歉，与小朋友握手言和。而这种完美行为，大人自己也做不到，结果只能是两败俱伤。即使孩子做到了，唯一满足的只是父母的虚荣心。

家长都经历过要求孩子分享玩具的经历。家长认为孩子应该和小朋友分享玩具，孩子不分享玩具时，家长认为孩子小气。此时，我想问一下家长，假如你刚买了一辆新车，让你的朋友无偿用一周，你是什么心情？你是否也有不想分享的缺点？有一次乘高铁出差，我的座位前面坐着一位妈妈和一个3岁小女孩，我通过她们的谈话得知，她们已经在高铁上坐了一个小时。小女孩在座位上扭来扭去，不停地问妈妈，这是什么，那是什么。显然妈妈已经没有了耐心，狠狠地教训孩子："如果你再不听话，再乱动，今后就不带你去旅行了，给你最后一次机会！"此时，家长应该多考虑孩子的年龄特点，扭来扭去、爱问为什么是这个年龄段的孩子的正常表现，而这些在家长眼里却变成了"坏行为"。

　　尊重孩子，家长需要实事求是地看待孩子，拥有和孩子一样纯真的心灵，而不只是虚荣地想让孩子听自己的话。在上面的事例中，家长应该更有耐心，让孩子挑选携带的玩具、图书，陪孩子玩玩具或看会儿书，或者抱着孩子说说话，这才是尊重孩子。每当家长认为孩子表现"不完美"时，最好做到：首先，谨记自己的孩子是普通的孩子；其次，站在孩子的立场上看待问题，接纳孩子的个性，有些家长认为的孩子的"缺点"，其实是与孩子心智相符的正常行为，家长要帮助他、引导他、鼓励他，避免批评、斥责和强迫他；最后，家长不能因为自己的虚荣心，顾及社会压力，做出伤害孩子的言行。澳大利亚心理学家博森博士说，所有的反抗都来自自卑感……而平等待人的父母不会有"不听话"的孩子，这句话也适用于其他关系。

尊重是实事求是地看待一个人，并认识到其独特的个性、能力，努力使对方能成长和发展为自己。

9　给孩子真正的选择

过去，我常常认为替孩子做决定就是保护孩子；现在，我明白在家应尽量少说多做，不做就不说，说了就一定要算数，可不管就一定不管，给孩子充分的自主权，让孩子做决定才是对孩子更好的保护。让孩子做真正的选择，并不是让他们简单地回答"是"和"不是"，真正的选择，是孩子觉得做的选择对自己有利，这可以使孩子更自律，让孩子做选择意味着尊重孩子，维护孩子的自主性，这样孩子对家长的反抗就会少一些。在生活中家长与孩子避开了权力之争，亲子关系就会更加和谐。同时，让孩子拥有选择的权力和让孩子自立会让孩子感到自信满满。如果我们能坚持给予孩子适当的选择权的话，他们会感到很有尊严，在面对选择时，更有可能做出正确的选择，产生"我说了算""我是被尊重的"的感觉。所以，父母不应该频繁地否定孩子的决定。

以下事例告诉我们，如何做才是给孩子真正的选择。

一位妈妈早上要求孩子自己选择当天穿的衣服，而不是替孩子选择好。

妈妈想让孩子收拾桌子，会说："桌子收拾好了，我就会上甜点。"而不是生气地威胁孩子。

寒冷的冬天，孩子想穿薄的外套，妈妈回答说："去看一下温度计，超过15℃你可以穿薄外套，如果低于15℃，要穿冬衣。"而不是拒绝孩子。

孩子在卧室里玩球，妈妈说："你们可以出去玩。"或者说："不要在卧室玩。"而不是直接拒绝他们或威胁他们。

孩子的头发长了，妈妈告诉孩子说："头发长了，我可以帮你修剪一下，或者去理发店修剪。"而不是对孩子批评、唠叨，更不是强迫孩子做自己不愿意做的事。

孩子想用零花钱买一件自己喜欢的物品，但是妈妈认为这件物品不是很合适，妈妈可以告诉孩子："这个物品有……缺点，但是最终决定权在你手中。"而不是不允许。

孩子选择的机会往往体现在一些细微的事情上。一天下午，我接孩子放学时，儿子和他的同学一起走出教室，看样子他们想去活动场地上玩一会儿。而儿子同学的家长着急回家，不容分说，他便把儿子的同学抱上自行车，骑车走了。看到这一场景，我替那位家长惋惜。无论家长有多么重要的事情，都应该关注一下孩子的想法，即使要求孩子回家，也应该和孩子说一下原因，让孩子感受到家长是尊重他的，自己与家长是平等的，而不是被动地无条件地接受家长的安排。

> 让孩子做真正的选择，并不是让他们简单地回答"是"和"不是"。让孩子选择可以使孩子自律，一味地惩罚孩子只是对家长有利。

10　什么是尊重

还举前面的事例：有一次出差，在乘坐高铁的时候，我座位前面坐着一位年轻妈妈，带着一个3岁小女孩，小女孩看着像是第一次坐高铁，对什么都好奇，不停地问妈妈问题，小小的身子不停地扭动。妈妈被她问得失去了耐心，就教训并警告她："如果你再不听话，再乱动，今后就不带你去旅行了，给你最后一次机会！"

正好我看见了上述这一幕，我就想，这位家长没有尊重孩子。但是，什么是尊重呢？

孩子在知识、经验或者体力等方面都不如家长，在这种前提下，家长经常以强者的身份出现，如何能真正地做到尊重孩子？偶然一天，我看了罗振宇2020年的跨年演讲《时间的朋友》后，豁然开朗。他在演讲中讲了一个案例：在我们心目中，图书馆应该是孩子或年轻人喜欢的地方，图书馆常会围绕孩子或年轻人喜欢的话题举行活动。而嘉兴图书馆举办的几场活动，却是针对老年人，并深受老年人的喜爱，因为活动的举办者尊重老年人。我们可以先想一下，针对老年人，若要是举办活动，想到的活动主题是什么？琴棋书画？养生保健？因为在很多人的心目中，老年人是逐渐退出了社会参与的一群人，他们需要找乐子打发时间，安度晚年。但是嘉兴图书馆却不是这样想的。有一些老年人并不愿意报名参加一个带"老年"二字的活动，他们需要社会参与。所以，嘉兴图书馆为老年人开发的讲座活动主题是：怎么用智能手机？学会了运用智能手机，可以查公交线路、网上购物，甚至自己直播卖货。其中最受老年人欢迎的一次讲座，主题是怎么做电子相册。如何拍照片、选照片、配音乐、识别字幕，如何把做好的相册发到微信群里，老年人学会这些后特别有成就感。这是老年人力所能及的一项创造性活动，这家图书馆举行的此类活动，既是对老年人发自内心的尊重，也是对自己承担的社会责任的一种积极履行。

这个案例告诉我们如何尊重他人。尊重就是实事求是地看待一个人并认识到其独特个性，尊重就是要努力地使对方成长，发展自己的兴趣爱好。所以尊重的前提是站在对方的立场考虑问题。

下面说一下如何尊重孩子：

第一步是关心孩子的兴趣，如孩子玩游戏、玩具，家长非常反感，认为是不务正业，劝他们"改邪归正"，只给孩子家长认为有价值的东西，不关心孩子的兴趣，就是对孩子缺乏尊重。其实家长应该用孩子的眼光去看待孩子，用孩子的耳朵去倾听孩子，用孩子的心去感受孩子，这时孩子才会真正感觉到自己被家长认可、尊重，被家长平等对待。

第二步是用孩子的视角看世界，理解孩子的过去，了解孩子形成某种个性的原因，站在孩子的认知水平和知识水平上看问题，不能按照家长的认知水平要求孩子。如，我在居住的小区遇见一位家长，孩子在幼儿园上大班，他却要求孩子学习两位数的加减法，这是孩子应该达到的认知水平吗？朋友圈有一位6岁儿童的家长吐槽自己儿子的篮球水平不如别人家同龄孩子的篮球水平……我想说，你了解过自己的孩子吗？你尊重孩子的成长规律吗？

家长应接受并尊重孩子真实的样子，努力地使孩子成长并成为他自己。

跟上孩子成长的脚步。

11　孩子为什么会成为小混混

有时，有些孩子为了融入某一团体，需要和团体的成员行为完全一致，拥有和他们一样的物品和爱好，如果孩子没有这种一致性，就会感到自己被团体成员排斥，受到冷落，便会觉得自己是局外人，在这个团体中感受不到归属感。不仅仅孩子有这样的行为，有时候家长也会无意识地被自己所属的团体的准则和团体成员的偏好牵着走，所属的团体是我们决定如何穿衣、买什么物品的关键。自己的偏好到底是从自己的内心产生，还是受团体成员偏好的影响？孩子缺乏这种判断意识。

孩子如果没有积极的价值观或者在家里找不到安全感和归属感，就会想方设法到更大的范围内去寻找。归属感不是生来就有的，而是要靠自己的双手主动去获得的。要考虑我能为共同体做些什么，我能给共同体中的成员做些什么，而不是考虑我能从共同体中得到什么。把对自我需求的执着变成对他人的关心，这样才能找到自我价值感，从而产生归属感，感觉到自己归属于这个共同体，在这个共同体中可以找到自尊和自信。一个人只有在感觉自己有价值的时候才可以获得更多的勇气。也就是说，一个人只有在体会到自己对共同体有价值的时候，才能够感觉到自己的价值，才能有归属感。

孩子如果能在家里找到安全感、价值感和归属感，就不容易在学校里参加小混混的团体。所以，家长平时要注重创设和睦的家庭氛围、和谐的亲子关系，走上歪路的孩子大多数感觉到在家里没有被家长认真对待，没有被家长理解，没有受到家长尊重，没有受到家长关注。正如鲁道夫·德雷克斯反复说的那样，一个行为不当的孩子，是一个丧失信心的孩子，当孩子丧失信心时，他们会通过寻求过度关注、寻求权力、报复、自暴自弃四个不恰当的行为来获得归属感和价值感。可惜很多父母不知道，他们为了给孩子提供更好的物质生活条件而拼命挣钱，却忽略了对孩子精神上的关心。为了弥补对孩子缺少陪伴的缺憾，他们在物质上不断满足孩子，却被孩子越来越高的物质需求裹挟。其实，孩子真正缺乏的是情感上的认可和关注。

人们的行为目的大都是获得安全感、价值感和归属感，孩子的行为目的也是获得安全感、价值感和归属感。每个人都想得到他人的关注，这没有错，但是由于孩子的观察力强、表达能力弱，他们往往用不当的方式寻求安全感、价值感和归属感。家长可以和孩子一起参与一些家庭仪式和民俗活动，调节家庭成员的关系，增进家庭成员之间的团结。另外，夫妻关系越融洽，孩子越有安全感，如果亲密关系缺失，则意味着家庭教育的失败。

亲子关系决定孩子的一生。

12 培养孩子的贡献感

有一天，我在给孩子读《威利和朋友》这本绘本时，感觉一头雾水。接触过阿尔弗雷德·阿德勒的教育思想后，我才真正明白绘本在教孩子学会贡献，也更深层次地发现贡献对人生成长的重要作用——贡献是培养一个孩子自信心的源泉，是人生健康成长的基石。

绘本《威利和朋友》讲的是在某一个地方，每个人都有朋友，只有又小又瘦的威利很孤单，总是一个人，大家都叫威利"小废物"，谁都不愿和他一起玩。偶尔有一天，威利一边想着心事，一边溜达，此时，高大威猛的休扭着头跑过来，两个人撞到一起，并且相互道歉，威利说："对不起，我只顾想心事，没有看路。"休说："是我不好，我只顾跑步，没有看路，对不起。"然后，休帮助威利站起来，两个人坐到椅子上看长跑队员们训练。此时，爱闹事的大鼻子欺负威利，高大威猛的休站起来说："需要我帮忙吗？"于是大鼻子被吓跑了。随后，他们两个人一起去逛动物园、去图书馆看书。从图书馆出来，休遇到了自己最害怕的家伙——蜘蛛，威利问道："需要我帮忙吗？"接着，他把蜘蛛从路上移走了，感觉十分自豪。临别时,休问:"明天还要一起玩吗?"威利说:"好啊,那太棒啦!"

这本绘本在教孩子如何交朋友。阿尔弗雷德·阿德勒说,与他人是伙伴关系,意味着在自己需要帮助的时候他人会帮助自己,在他人需要帮助的时候自己也能为他人提供帮助,相互帮助才是好朋友、好伙伴。给予会让孩子更开心,给予会让孩子觉得自己对他人有价值。孩子在被别人需要时,才能感觉到自己有价值,从而建立自我价值感。

> 当一个人没有幸福的能力时,物质世界再丰富也没有用,如同不会游泳的人,怎么换游泳池,还是不会游泳。

13 静待花开，尊重儿童的成长节奏

生活中经常出现这样的情况，当成人看到儿童通过巨大的努力做看似很简单的事情，而这些事情成人瞬间就可以做完而且做得很完美时，成人就会感到非常痛苦，会不自觉地想去帮助这个儿童，如，帮孩子梳头、系鞋带、穿衣服等。成人一直遵循的是效益最大化原则，想让孩子跟上自己的节奏。成人潜意识地会阻止儿童进行那些在成人看来无用的活动，儿童的想法往往被成人否定。在成人看来，儿童进行的大都是没有价值的活动，儿童的节奏、行为方式与成人不同。

意大利教育家蒙台梭利说节奏不是一种可以随意被改变的东西，而是一种需要重新理解的观念。每个人在自己进行的活动中都有自己的节奏，当两个人的节奏相互接近时，才会相处融洽；当两个人节奏不同，被迫互相适应各自的节奏时，会感到痛苦。

生活中，当儿童用成人的节奏进行活动时，成人能容忍；当儿童跟不上成人的节奏时，成人则想干预，以自己的行动节奏代替儿童的行动节奏。此时，成人就成了儿童自然发展的最大阻碍。儿童有时会绝望地哭叫，正说明了他想靠自己的努力，以自己的节奏生

长。事实上,家长应允许处于童年阶段的孩子遵循自然规律成长,要允许孩子犯错误,不去拔苗助长,否则,自然界会利用自然法则对家长的错误行为给予严厉的惩罚。

> 爱和控制是完全不同的:爱一个人,是希望他开心、快乐;控制一个人,是要求他只能按照自己希望的方式做事。

第三章

教育是什么

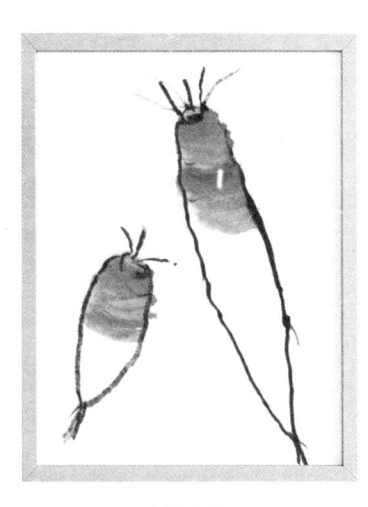

《萝卜》

1　教育的本质是什么

汉代许慎在《说文解字》中，对"教育"二字进行了解读："教，上所施，下所效也。""育，养子使作善也。"这两句话道出了教育的真谛：父母、老师作为教育者，首先要管理好自己，让自己成为一个真善美的人，然后终生实践，以实际行动影响孩子自觉成为一个人格健全、品格高尚、志趣高洁的人，这样才是成功的教育。家庭教育本质上是父母的自我教育和修炼，学校教育本质上是教师的自我教育和修炼。父母和老师只有不断完善自身，给孩子最好的示范，才有机会教育出优秀的孩子。简而言之：只有父母（老师）好好学习，孩子（学生）才能天天向上！

"教，上所施，下所效也"讲的是广义的教育，包括家庭教育、学校教育和社会教育，意指施教者通过自己的所作所为，给受教者以示范和熏陶，使他们在听其言、观其行中潜移默化，成为施教者想要他们成为的样子，强调了"上所施"的重要意义。所以，"教"的真谛不在于说，而在于实实在在的行动。"大话三千不如实招一件。"给孩子讲好好学习的故事，希望孩子做一个有上进心的人，不如家长身先垂范，管理好自己，孩子自然能够从中受教。很多时候,教育者更习惯于给孩子灌输大道理,虽讲得口干舌燥,却不知孩子正在边上看你怎么做呢!在家庭教育中,父母如果经常失信于孩子,答应孩子的事情经常失约,那么孩子就会"上行下效",成为爱撒谎、不重然诺的人。但这真怪不得孩子,谁让父母给孩子做出了错误的示范呢?三年学好不足,一天学坏有余。

"育,养子使作善也"更侧重于家庭教育,讲的是父母养育孩子的目的是使孩子成为善良的人。当然,这里的"养子"并不一定非要局限于家庭教育,同样适用于学校教育,老师对学生的培育也是如此。而"使作善",并非仅指为行善行,做善人,而是可以扩大为陶行知先生倡导的"千学万学,学做真人",也就是成为奉行并践行真善美的人。

综上所述,教育的本质是"执我",施教者唯一能改变的,就是自己,自己变好了,所有事情就会变好。其实就如叶圣陶所说,教育是施教者通过言传身教的方式使受教育者养成更多的好习惯。什么是好习惯?能有利于人的真善美发展的是好习惯,能把事情做妥善是好习惯,能做有利于大众的事是好习惯,唯有"不养成习惯的习惯"和"妨害他人的习惯"不能有。习惯是由知道到自然做到的一种极强能力,不是勉强地做一做、痛苦地做一做、偶尔地做一做,而是一种一旦养成就不易改变的自然而做的行为,如,早起习惯、勤劳习惯、读书习惯……好习惯养成得越多,个人的能力就越强,只有这样,才能使知道变成做到,知识才能有力量。美国心理学家威廉·詹姆士说:播下一种行动,收获一种习惯;播下一种习惯,收获一种性格;播下一种性格,收获一种命运。也就是说,习惯可以决定一个人的命运，有一身好习惯的孩子走遍天下都不怕，有一身坏习惯的孩子走到哪里都是危机重重，让人不安宁。所以，无论是家长还是老师，抑或是社会上一切衷于教育事业的人士，都该仔细斟酌许慎当年对于"教育"二字的深刻解读。

> 家庭教育就是父母做好自己，从而影响孩子。

2 教育孩子就是在安全范围内充分训练孩子

在安全范围内充分训练孩子，孩子长大后才能较快地适应社会。孩子犯错时，要理智处理，鼓励孩子，把孩子所犯的每一个错误当成孩子成长的珍贵礼物，让它们成为孩子成长的垫脚石。如果不充分训练孩子，阻止孩子试错，在一定程度上来说就是对孩子的娇纵。未来社会需要孩子自主和自立，你却对孩子的一切事情都包办；未来社会需要孩子大胆探索、积极参与，你却把孩子照顾得无微不至，孩子犯一点儿错误就去训斥孩子，使孩子不敢再次尝试；未来社会需要理财师，你却从小不给孩子零花钱……

有的孩子上学后，对学习没有一点儿自信，成人百思不得其解，静下心来分析一下就会发现，孩子在学习失利之前，面对生活中必须由自己解决的课题时已经被成人大大挫伤了勇气，所以孩子在学习时也不想面对挑战。为了避免这种情况的发生，父母应该想方设法帮助孩子树立自信，而不是简单地激励、鞭策孩子。如何树立孩子的自信，是家长需要解决的首要任务。孩子的自信从一次次做事中来，从每做好一件事后觉得"我能行"中来，孩子不可能在其他方面没有自信，唯独在学习方面有自信。家长要耐住一颗急迫的心，慢慢来，要有春风化雨的柔和、滴水穿石的恒心。在家庭教育中家长应尽量做到以下几点：

一、尽量不说"不"。说"不"会降低孩子的认知水平。如孩子去碰装热水的水杯，刚想伸手，家长就说："不能碰，热。"然后，孩子就把手缩回来了，孩子并不知道热的感觉，将来趁你不注意的时候，他还会重新试探装热水的水杯到底有多热。正确做法是，在安全范围内，让他用手摸一摸，让他体验一下热的感觉，下次他便记住装热水的杯子不能碰。让人成长的是事儿，不是道理。在安全范围内，尽量让孩子试错，让孩子自己去探索。有时家长明明知道孩子做某件事会失败，也要忍住不去指正，让孩子自己去探索。

二、做好课题分离。孩子的课题孩子负责，家长在没有被孩子邀请加入的时候，不要擅自干涉。人与人之间的矛盾主要来源于擅自干涉别人的课题。要充分信赖孩子，比如，做作业、家务劳动，放手让孩子自己做。

三、创造条件充分训练孩子。家长要学会示弱，引导孩子多参与家务劳动。生活即教育，比如，妈妈正在忙，让孩子帮拿毛巾，孩子也能感觉到价值感；家长和孩子共同制订规则，让孩子充分享受规则之下的自由，比如，让孩子从小适当地管理自己的压岁钱，多训练孩子对金钱的支配能力，才能培养孩子正确的消费观。

四、放手让孩子玩。孩子只有在玩中才能实现自我满足。玩是一场珍贵的体验，不要剥夺孩子自我成长的权利，要让他们充分地玩,才能提升他们对事情的掌控力,才能训练并提升他们的组织能力、领导能力。有时候,让孩子放慢脚步去做一些看似无用的事,孩子反而会有意外的收获。

> 我们经常拿圣人的标准要求孩子。

3 既然是训练，就应该允许孩子犯错

最近，我发现小区有一个8岁的孩子特别爱捣乱，美丽的花草被他用小刀毁坏，草地上的水龙头被他拧坏，自行车轮胎被他划破……我非常好奇，什么样的家庭能培养出这样的孩子？我悄悄地观察了这位小朋友一段时间，发现小朋友有5个长辈：老奶奶、爷爷、奶奶、爸爸、妈妈。这些长辈一看都受过教育，生活条件也非常好，全家5口人围着一个孩子转，我在楼下经常看到老人照顾孩子。后来，从孩子奶奶那里得知，孩子妈妈刚怀孕时，全家人就想着把孩子培养成优秀人才。孩子出生后，5双眼睛全部盯着孩子。家长一会儿给他喂水，一会儿给他喂奶，一会儿抱抱他，一会儿逗逗他……总之，5双眼睛盘旋在孩子周围，一个孩子陷入了5个大人的包围圈里。孩子稍微有一点儿不舒服，家长就赶紧上前去帮助他解决。孩子长大了，家长还是始终盯着孩子，生怕孩子受一点儿委屈、犯一点儿错误，不停地用大人的标准纠正孩子的行为，教训、批评、纠正一直在路上，对孩子事事干涉。我在小区溜达时，常听见孩子妈妈不停地喊孩子的名字并纠正他的行为："小凯，不要坐在地上！""小凯，书包不能放这里！""小凯，喝点儿水！""小

凯，不要去绿化带旁边，有虫子……"孩子偶尔犯了稍严重的错误，家长还会说一句："你还要脸吗？"孩子回怼一句："我不要脸！"随后就是家长的一顿痛骂。在楼下，我从来没有听到过家长对这个孩子说句鼓励的话，也没有听到他们告诉这个孩子怎么做才是对的。孩子每天生活在家长的批评和埋怨中，可想而知，很难树立自信。想一想，孩子在这样的家庭里生活，该是多么痛苦、多么无助啊！

孩子犯的错误分为好多种，家长要区别对待：一是有时候某种行为对于成人来说是错误，但对于孩子来说则并非错误，而是他们成长过程中必不可少的经历，家长忽略即可。比如，两岁的孩子玩沙子、跳水坑弄脏了衣服，此时家长不应说教，只需要耐心地看着他玩即可。二是由于孩子的认知水平有限，不知道该怎么做，导致家长认为孩子是故意犯错，这时家长只需要告诉孩子如何做才是正确的即可。比如，两岁的孩子拿起画笔在墙上涂鸦，家长只需要递给他一张画纸，告诉他要在画纸上作画即可。三是孩子为了获得家长的关注和关爱故意犯错。孩子本来没有那么多缺点，家长天天盯着孩子的缺点，天天暗示，那些缺点就像被上了化肥，迅速繁殖、生长。家长眼里全部是孩子的缺点和错误，孩子内心感觉不到家长的爱，正确的行为又得不到家长的关注，只有通过不断犯错试探家长是否爱自己，就如我们坐过山车，心里没有安全感，要通过不断拉拽安全带试探是否安全一样。此时家长应该多关注孩子的正确行为和闪光点，忽略孩子的错误，多鼓励孩子，孩子就会慢慢变成家长心中的模样。四是孩子为了报复、赢得家长而故意犯错，此时家长要学会积极暂停并自我反省,就自身错误进行真诚的道歉。总之,孩子犯错时是孩子最无助的时候,家长要和孩子站在一起战胜错误,而不是和错误站在一起打败孩子。

当今,家长望子成龙的愿望太强烈,全家人时时刻刻高标准要求孩子,不停地阻碍孩子试错。其实,安全并不是全方位地呵护孩子,恩生于害,害生于恩,为了孩子更好地成长,应让孩子小时候在安全的范围内得到充分训练,去提前感受不安全的状态。在孩子成长的道路上,最能让孩子成长的是事情,不是道理,家长应该珍惜孩子每一次犯错的机会,抑制住说教的欲望,在安全范围内让孩子自己解决问题,把错误当作孩子成长的垫脚石。只有在不断训练的过程中,孩子解决问题的能力才能得到提高。孩子在小时候能解决小问题,长大了才能解决大问题。教育孩子,重要的不是做事情的结果,而是引导孩子走向正确的过程。阻碍孩子成长的最直接的手段就是越俎代庖,不给他们犯错的机会,养废一个孩子的最直接的手段就是时刻关注孩子的缺点。

> 吝惜时间和缺少耐心,
> 　　是教育孩子最大的敌人。

4 为孩子而改变

所有有问题的孩子，都是通过错误观念和错误行为来获得安全感和归属感，青春期的孩子让家长感到头疼的程度，跟他们缺乏安全感、归属感的程度成正比。孩子的问题不是问题，家长对待问题的反应、态度、方式、方法才是问题。家长只有通过察觉孩子的行为，正确辨别孩子行为背后的原因，才能做到对症下药。家长只有勇于做出改变，才能引导孩子进行改变。

一是家长改变反应。对待孩子的"不良行为"，家长要冷静，要先假定孩子是好意的，要有"让子弹飞一会儿"的勇气，仔细观察一下孩子"不良行为"背后的原因是什么。记得有一天晚上，我和爱人准备上床休息时，发现床上有一枚缝衣针，仔细寻找后又发现几枚，总共找到了四枚。我们纳闷儿，床上怎么会有针？我和爱人最近都没有用过针，一定是孩子弄到床上的。我随即把孩子喊过来，准备批评他，爱人突然发现孩子的纽扣不整齐，便询问怎么回事，孩子回答说："中午回家，纽扣掉了，看爸爸忙着做午饭，我自己找针线缝了一下。"听孩子这么一说，我和爱人相视一笑，对孩子说："你长大了啊！都能自力更生了。"事情过去后，我很庆幸没有对孩子乱发脾气。

　　二是家长改变方式。若孩子做出不良行为是为了获得家长的夸奖，家长就要少夸奖、多鼓励，鼓励做事的过程，少夸奖结果；若是为了获得家长的关注，家长平时应多陪伴孩子，孩子就不会变成一个用不良行为来乞求成人关注的可怜虫；若是为了获得权力，家长要勇于积极暂停，从输赢的旋涡中跳出来，等双方心平气和后，再去与孩子沟通问题；若是为了报复家长，家长要通过各种方式（书信、留言）告诉孩子"我们爱你，希望你不要这么想这件事"，或者是向孩子真诚道歉；若孩子摆烂，家长要多关心、关注孩子，鼓励孩子的点滴进步，忽略孩子的缺点，使孩子的优点更优，让孩子重塑生活自信心。

　　三是家长改变态度。要放下一颗急功近利的攀比心，去无条件地爱孩子，要有把孩子培养成幸福的普通人的心态。

养育孩子也是在救赎自己。

5　好习惯成就孩子一生

我们经常说，习惯决定命运，好习惯成就孩子一生。好习惯都是后天形成的，家庭是培养孩子养成好习惯最好的学校，父母是培养孩子养成好习惯最好的老师。让我们从现在开始，从点滴做起，在日常生活和学习中培养孩子养成一个又一个良好的习惯，让好习惯伴随孩子终生，成为助力孩子走向成功、通往幸福的阶梯。

习惯是经过反复练习逐渐形成，并发展成为个体的一种内部需要的、稳定的、自动化的行为方式。习惯不是与生俱来的，而是后天学习得来的，是通过外部有效的刺激，从而在孩子内部产生稳定反应的一种行为方式。好习惯是一个人终生的财富和资本，坏习惯是人生偿不完的债务，对人的一生产生负面的影响。临床心理学家柯永河教授说好习惯既能让自己快乐，帮助自己解决问题，也能够让别人快乐，帮助别人解决问题。

用一个真实的故事来说明好习惯对于人的成长、发展、幸福、成功的重要作用。1978年，75位诺贝尔奖获得者在巴黎聚会。人们对于诺贝尔奖获得者非常崇敬，有个记者问其中一位诺贝尔奖获得者："在您的一生里，您认为最重要的东西是在哪所大学、哪个实验室里学到的呢？"这位白发苍苍的诺贝尔奖获得者平静地回答："是在幼儿园。"记者感到非常惊奇，又问道："为什么是在幼儿园呢？您认为您在幼儿园里学到了什么呢？"那位诺贝尔奖获得者微笑着回答："在幼儿园里，我学会了很多很多。比如，把自己的东西分一半给小伙伴们，不是自己的东西不要拿，东西要放整齐，饭前要洗手，午饭后要休息，做了错事要表示歉意，遇到问题要多思考，要仔细观察大自然。我认为，我学到的全部东西就是这些。"这位诺贝尔奖得主的话充分体现了幼儿教育的重要性，孩子在幼儿阶段养成的好习惯将影响他的一生。

教育的目的就是培养孩子养成各种好习惯，提升他们的做事能力。而家庭教育的核心内容就是培养孩子养成良好的行为习惯，这是家庭教育最基本的任务。我们该如何培养孩子养成好习惯呢？在家庭教育中，父母可以通过不断外部刺激－内部激励反应之间的联结、强化、模仿学习等方法，来培养孩子形成某种良好的行为习惯。

首先，家长要用放大镜去看孩子的优点。当孩子表现出好的行为习惯时，要鼓励他，不断强化刺激他做出好的行为。

其次，要求孩子养成某个好习惯，家长必须首先养成，并以身作则。孩子天生善于观察，家长不能存在侥幸心理，觉得反正孩子没有看到，其实，家长的言行孩子都看在眼里。

最后，尊重孩子身心发展规律和个体差异，站在孩子的立场去引导、鼓励孩子养成好习惯。每个孩子都有其独特性，不能以别人家的孩子为标准要求自己家的孩子，要尊重孩子的差异，认识到孩子的唯一性。家长只有成为自己孩子的专家，才能有针对性并有效地教育和训练孩子。

习惯的养成离不开家长和孩子的长期坚持，需要四个步骤：

第一步：帮孩子提高认知，对孩子提出明确的目标要求。先从认知入手，让孩子知道哪些行为是对的，哪些行为是错的。

第二步：父母以身作则，鼓励孩子，持续训练孩子。父母用正确的外部刺激方式强化孩子的各种好行为、好习惯。

第三步：召开家庭会议，及时实事求是反馈。家庭可以通过家庭会议的方式，平等及时地反馈家庭成员在行为习惯培养过程中取得的成效和存在的问题，让家庭中每一位成员都可以体验到良好的习惯带来的成就感和愉悦感。

第四步：知道并做到以上三条，知识本身没有力量，学会运用知识才让我们有力量。

让我们立刻行动起来，以身作则，在"双减"的大环境下，使家庭教育成为培养孩子良好行为习惯的沃土，让好习惯伴随孩子终生，助力孩子成为幸福的人。

成为自己孩子的专家。

赢得孩子

6　教育犹如种庄稼

有位邻居咨询我,他家4岁的孩子太不听话,让他往东走,他偏偏往西走,无论做什么,都跟家长反着做,直到挨骂才听话。我了解这位家长,她属于那种过分注重教育的家长类型,孩子是他们全家的一切,她要把孩子培养成优秀人才,容不得他有一点儿不如人意的地方,事事干涉孩子,眼睛总是盯着孩子的缺点。她认为自己的孩子太固执了,个性太强。听完之后,我就告诉她,孩子有个性,不听话,这仅仅是针对你,你认为孩子的行动不符合你的标准,所以你认为他固执,孩子之所以叛逆,其实只是在叛你。我反问她,你尊重孩子了吗?你了解孩子的想法吗?遇到这种情况,家长首先要改变教育观念,迈出尊重孩子的第一步。家长的眼睛天天盯着孩子的缺点,孩子稍有不符合家长心意的地方,家长就开始纠正孩子,并放大孩子的缺点,告诉孩子不能这样做,不能那样做,但就是没有告诉孩子怎么做才是正确的,无形当中慢慢降低了孩子的认知水平,亲子关系非常糟糕。许多案例告诉我们,大人盯孩子盯得越紧,越想让孩子优秀,无形当中就会越强化孩子的错误,放大孩子的缺点,孩子就会朝着反方向走。因为家长不信赖孩子,孩子也不信赖家长，没有信赖，何谈尊重呢？就如拍皮球，拍得越使劲儿，球反弹得越高。

教育孩子犹如种庄稼，我们种庄稼前对庄稼给予信赖，给予丰收的希望，按照庄稼生长的规律去种植和培育，在该浇水的时候浇水，在该施肥的时候施肥，剩下的就让庄稼自由地生长。当庄稼长势不好时，我们要做的不是先埋怨庄稼，而是从自身找原因。如果我们每时每刻都盯着庄稼，不分情况地对它进行修剪、浇水、施肥，这样下去，该丰收的庄稼也会被我们培养得颗粒无收。所以，要想庄稼丰收，我们做好两点即可：一是尊重庄稼成长的规律，在正确的时间做该做的工作；二是给予它们生长空间，不过度关注它们。这是庄稼丰收的规律，也是孩子成材的规律。

> 教育是农业，不是工业，家长要静待花开。

7　修学储能
——读叶圣陶《今日中国的小学教育》有感

基础教育的价值是什么？我们究竟希望学生在学习或生活等方面达到怎样的程度呢？这些是值得我们思考的问题。如果教育的目的是让受教者以后能养家糊口，那只要让他们去各种工艺作坊学习手艺就可以实现；如果教育的目的是让受教育者为考试而读书，读"死书"，还要什么教育？这只是在浪费时间和精力，孩子幼年宝贵的时光用"盲从"两个字便可概括。我们的基础教育的价值究竟是什么？

家庭是学生诞生的地方，社会是学生将来发展的地方，学校是学生从家庭走向社会的桥梁。学校教学生学知识，为未来做准备，用知识提升他们适应未来的能力，教育脱离了社会，便失去了根基，教育贵在顺应人类进化之理；若只要求受教育者适应现状，那么教育顶多是一部复印机，这样的邯郸学步还有什么价值？

教育者要提升学生适应未来的能力，让学生成为高尚的人，要有很高的学识和境界，能发挥教育的力量，用未来的眼光教育当下的孩子，让孩子立长志，定方向，明确人生观，为孩子一生的发展奠基。要想让学生拥有正确的人生观，教育者要先有真实、明确、正确的人生观，然后引导学生定一个努力的方向，充分发挥学生的主观能动性，为培养学生有真实、明确、正确的人生观打下根基，让他们成为更好的自己。

现实是部分教育者并没有真实明确的、切合自己人生的、积极向上的人生观，也没有提升自己修养的耐心，不去研究教育对象的生理、心理发展特点，对于受教育者的惰性和希望也是模模糊糊，弄不明白，这样怎么能指导学生未来的发展方向？学生走向社会后，随波逐流，没有主见，人云亦云，经过几十年的东寻西找，耗费许多光阴才醒悟过来，甚至有些人到死也悟不出来正确的人生观是什么。

叶圣陶要求教育者做好以下五点：

一、教师要有明晰、正确的人生观，并引导学生建立正确的人生观。

二、把各学科看作相互联系的整体。

三、教育者要遵从学生的发展规律，要研究学生。

四、要思考学生将来的发展方向，用未来眼光教育现在的学生，让学生适应社会。

五、课程不能与社会脱节，教的是书，育的是人。

生活即教育。

8　兴趣班越多越好吗

父母那种想给孩子提供每一个学习机会的愿望对孩子来说是沉重的负担,孩子真正的天赋和创造能力是通过游戏得到发展和提升的,而不是通过课外辅导班。

今天的小学生日程被安排得满满的,他们在课外学习游泳、舞蹈、钢琴、绘画、英语等,父母花很多的时间和金钱,表面上想最大限度地开发孩子的潜力,其实是想满足自己的虚荣心,实现自己未完成的愿望。在孩子小的时候,只要孩子能跟着音乐节奏晃晃身体,父母就认为孩子有音乐天赋,必须挖掘。有的父母认为孩子学习越早越好,对孩子进行学龄前教育(既然是学龄前,还有必要接受学科知识的学习吗)。为了将来把孩子培养成成功人士,孩子的日程被安排得满满当当,给孩子报了许多兴趣班。刚开始一段时间,孩子非常喜欢,可是后来由于学习难度的加大,学习任务的加重和训练的枯燥,孩子会越来越厌倦,最后不想再去上那些兴趣班。父母也陷入是选择坚持还是选择放弃的矛盾之中,最后不得不中断埋藏在心中的有关孩子的天才梦,并彻底放弃对孩子的培养,孩子也学会了遇到困难就放弃的消极做法。

父母给孩子报许多兴趣班，当花了不少钱，收获的却是失望时，常责骂孩子。其实，父母为孩子选择兴趣班时，完全处于一种理想状态，并没有考虑到培养并发展一项爱好需要孩子有毅力并经历长期枯燥的训练，父母并没有提前对孩子讲清楚这些，并引导孩子对自己的选择负责。当孩子对众多的兴趣班心生厌倦，家长最需要做的就是尊重孩子，保留孩子最想学习的兴趣班，鼓励孩子坚持下去，教育孩子要拥有善始善终的品质。

孩子真正的兴趣所在，不管有没有他人支持都会得到发展。一个真正爱好音乐的孩子会忍受很长时间的孤独去弹奏乐器，把弹奏乐器当成一种放松，当成一种闲情逸致。

兴趣是最好的老师，使命是最好的强心剂，学习是坚持一生的工作。

第四章

教育方法

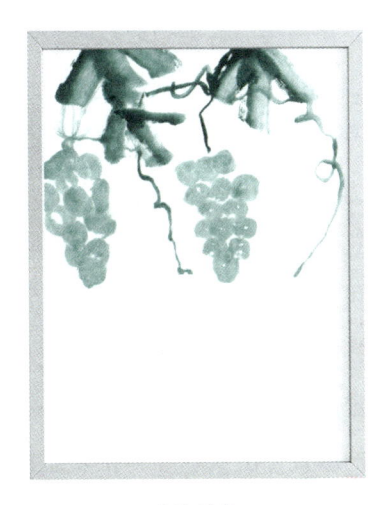

《葡萄》

赢得孩子

1 先处理心情，再处理事情

夏季的一个晚上，我和儿子一起去超市买生活用品。到超市后，我按照我们预先商量好的，允许他买一件自己喜欢的物品，他最终选择了软糖，我答应了，三岁的孩子对于糖果是没有任何抵抗力的。出超市后，他想通过软磨硬泡、大哭大闹的手段立刻吃到糖果。当时许多路人围观，超市工作人员看见孩子在哭，便对我说："孩子这么可怜，别让他哭了，让他吃一颗吧。"那一刻，面对路人的压力，看到大哭的孩子，我非常恼怒，大脑瞬间变成了"爬行动物脑"，想扔下他一走了之。当我的手用力甩开他的胳膊时，碰到了手机，手机屏幕上我刻意设置的"共情孩子"四个字进入我的视线，顿时惊醒了我，让我想起了美国教育家简·尼尔森倡导的和善而坚定的教育原则。我马上蹲下来抱起孩子，忽略路人的眼光，用学到的教育方法安慰他。和善是尊重孩子，我告诉他，我也想让他马上吃到糖果，但是晚上吃糖果容易形成龋齿，牙齿会被虫子吃掉，牙龈会非常疼，建议他先放枕头下边，明天早上再吃；坚定是有规矩，告诉他我们提前一起商量好的规则不能打破。时间在一分一秒地流逝，我蹲下身子，抱着孩子并平视他，让他尽情地在我身上哭闹,大约二十分钟过去了,在我和善而坚定的安慰下,孩子同意了第二天早上再吃糖果。养育孩子就应该这样,无论何时何地,只要孩子需要你,就蹲下来抚慰他,生命中没有什么比拥抱正在伤心的孩子更重要的事了。此时,孩子也能拥有安全感、归属感、被尊重的感觉,也懂得了以后要遵守与父母共同制订的规则。

许多时候,父母并不厌烦孩子提出要求,而是讨厌孩子的诉求方式。如去超市买东西,我们常看到或者经历过孩子以哭闹的方式买玩具的情景。为了解决问题,父母会采取不同的方式:一是对孩子大吵大骂;二是尴尬地哄孩子;三是迫于周围人的舆论压力,拒绝孩子后又马上满足孩子的愿望。实际上,我们对他们的诉求方式极为反感。很多父母认为不直接答应孩子的要求,孩子会拼命反抗,最终因为顾及路人的舆论压力而无奈地答应孩子。后果可想而知,孩子会认为这个玩具是对他哭闹的一种奖励。孩子的观察力非常强,下一次为了达到其他目的,还会故技重演,以此操纵家长。此时,家长如果站在孩子的立场上考虑,蹲下身子,抱抱他,倾听他的诉求,创造与孩子沟通的良好氛围,然后再告诉孩子你的价值观。孩子需要的是你对他诉求的倾听和尊重,倾听和尊重孩子,孩子会懂得哭没有用,应用语言和寻求帮助来解决问题。

心理学上有"55387"定律,当你跟一个人说话时,对方能感知到的是你55%的表情和态度、38%的语调和语气、7%的具体内容。换句话说,如果你带着脾气跟孩子说话,那么孩子真正听到的内容只有7%,这就意味着你不得不因为一件事反反复复地吼叫孩子。结合我的生活经历,当我蹲下来真诚地看着儿子的眼睛,然后温和地告诉他:"咱们现在去洗澡可以吗?"这时儿子基本上都会配合,乖乖地跟我去洗澡。而我随口说:"走,去洗澡!"儿子经常会不理睬我。看到孩子无动于衷,我曾怀疑是不是自己的声音不够大,他没听见,或者是他听见了,故意不回应我。知道"55387"定律后,我理解了,我们平时所表述的内容,对方接收到的信息有多少,是由这个定律决定。

情绪不对,沟通白费。

2 关注于解决问题

孩子的每一次进步都发生在他做错事的时候，孩子视错误为麻烦，而家长应视错误为机会，我们要珍惜这些机会，告诉孩子为什么错，怎么做才是对的。错误对孩子和家长来说，是一份珍贵的礼物，既可以加强亲子关系，也可以成为孩子成长的垫脚石。对孩子来说，能做到不再犯同样的错误就是进步。

解决问题时，解决方法不一样，得到的结果也不一样。许多家长仅关注孩子犯的错误，关注如何惩罚孩子，告诉孩子不要这么做、不要那么做，却没有告诉孩子怎么做才是正确的。教育发展到今天，仍有许多家长认为，要想让孩子有收获，必先让其受伤害，棍棒之下出孝子……而事实并非如此，你越打压孩子，孩子越叛逆。《正面管教》一书中介绍了一种解决问题的方法，如果孩子做错事了，应关注孩子怎么做才是对的，而不是先惩罚孩子，让孩子受伤害。

我的孩子上二年级的时候，精力充沛，学校课外活动少，导致孩子上课好动，老师经常批评孩子坐不稳，孩子也非常苦恼，回家经常给我说自己管不住自己。按照旧的观念教育孩了，我首先应惩罚孩子，批评他，狠狠教训他，认为他是故意的，回家罚他抄作业，禁止他看电视……仔细分析一下，我们做的所有的一切都是关注过去，孩子好动的问题并没有得到任何解决，我们也没有告诉孩子该怎么解决。家长应该静下心来和孩子一起商量怎么做才能改掉这个毛病，并让孩子也参与其中。一天，我和孩子坐下来针对这一问题寻求解决方法，并建议孩子设置"请坐好"的座右铭，或者乱动的时候让同桌提醒一下。几天后，孩子高兴地对我说，他和同桌商量了一下，当他乱动时，让同桌提醒他，平时他和同桌分享他的图书和玩具。

旧的教育方法关注的是过去，让孩子为错误付出代价，是家长和问题站在一起打败孩子，让孩子感觉更糟糕；新的教育方法是关注如何解决问题，告诉孩子怎么做才能做好，把错误当作学习的机会，是尊重孩子，是和孩子站在一起寻找打败困难的方法。提升孩子解决问题的能力，孩子才会变得更加自信。

> 任何时候，家长都要和孩子勇敢地站在一起，共同打败问题。

3　赢得孩子

在与许多家长的交流中我发现，目前还有一些家长深信不疑：要想让孩子变好，就要让孩子先受伤，在孩子受伤时惩罚孩子，孩子才能更听家长的话，家长才能够对孩子造成积极的影响，这样的教育才能有所收获，比如俗语"棍棒之下出孝子"，就说明了这一点。这样的惩罚教育教给孩子的是家长对孩子的错误行为负责，孩子只看到了家长管制他的行为，并没有学到正确做事的方法。真正的教育是孩子犯错误了，家长教给孩子如何做才是正确的，把孩子所犯的每一次错误当成孩子学习、成长的机会，着重教孩子解决问题的方法，教孩子应该对自己的行为负责任。

当我们摒弃原有的教育观念，着力解决问题，忽略胜负、输赢时，家长与孩子的权力之争就会大大减少。当家长有了全利思想后，孩子就会变得越来越好，越来越强。

输赢都是权力之争的结果，教育中家长如果过多地关注输赢，思想就会被眼前的输赢所左右，视线变窄，只想通过赢来证明自己是正确的。但是，即使当下赢了孩子，败下阵来的孩子会在别的地方以别的形式报复父母，如，不学习、捣乱、逃学、打游戏等，目的就是自暴自弃、报复父母，用让父母惊慌失措、痛不欲生的方式赢家长，从而双方进入了权力之争的死循环。所以，家长在受到孩子争权挑衅时绝不可以上当，要考虑孩子挑衅的背后隐藏的真实目的，要看到问题背后的真实原因。

　　生活中，家长如果依靠经验确信自己的做法是正确的，常会进入和孩子的权力之争，而且这场战争往往是无休止的。正确的做法是，家长即使知道自己是正确的，也应有技巧地示弱，避免与孩子进入权力之争。家长摘掉输赢的眼镜，才能够更理性地引导孩子成长，从而赢得孩子。

> 只关注输赢，就会忘记成长。

4 可以有情绪，但要想清楚自己这样做的目的是什么

毋庸置疑，每位家长都十分爱自己的孩子，但是爱不是施爱者说了算，而是受爱者说了算。特别是孩子犯错误以后，家长惩罚、批评孩子时，觉得这是爱孩子，而孩子却感受不到家长的爱，反而对家长的批评产生敌意，此时家长并没有意识到自己没有把爱的信息传递给孩子，结果导致孩子产生以下几种想法：认定自己无能或是坏蛋；害怕因为做得不完美受到批评，以后不再冒险；掩盖自己的错误，以后犯错误时想办法避免让家长抓住；想方设法取悦生气的家长，变成一个讨好者。

家长为什么会批评孩子呢？一是因为家长有社会压力，孩子犯错时如果不批评，周围人会怎么看？二是认为要让孩子做得更好的前提是让孩子受到惩罚和羞辱，犯错时不批评孩子，是对孩子的娇纵；三是家长虽然不知道怎么办，但是明白绝对不能娇纵孩子。

家长一定要摒弃一个错误的观念——若要让孩子变得更好，就要让他感觉更糟。这样做的结果是，大人的不良行为促成了孩子的不良行为。孩子犯错是因为家长没有花足够的时间训练并鼓励他们，此时家长应该先营造一种轻松和谐的氛围，先制止他们的错误

行为,告诉他们怎么做才是对的,永远和他们站在一边,共同打败困难,消除错误,这样他们犯的每一次错都会成为他们学习、成长的机会。所以说,家长可以有情绪,但一定要想清楚自己对孩子做的每一件事的目的是什么。

赢得孩子,而不是赢了孩子。

5 "懒父母"造就好孩子

阻止孩子犯错误，尽量避免孩子失败，是娇纵孩子的表现。许多家长代替孩子做事，一是为了图省事，二是不相信孩子能做好，代替孩子去面对孩子的课题。德雷克斯常常说，不要替孩子做任何他（她）自己能做的事情，如，穿衣、学习、吃饭……其原因在于，如果我们替孩子做得太多，就剥夺了他们通过自己的体验来提升自身能力的机会，阻碍孩子获得自我价值感、归属感和贡献感，孩子就无法学会必要的人生技能，无法体验到社会责任感，会认为自己需要别人的照顾，或者理应享受特别的"服侍"。

成人要经常教导孩子独立做事，这样孩子才能感到自己特别能干。当大人扮演"超级妈妈"或"超级老师"的时候，孩子就会期待这个世界为他们服务，而不是他们为这个世界服务。一旦形成习惯，孩子做事时如果不能如愿以偿，就会认为世界不公平。当别人拒绝照顾他们的时候，他们就会难过，甚至以某种具有伤害性或破坏性的行为寻求报复。当他们寻求报复，在伤害别人的同时，也伤害了自己。

任何事物都有两面性，恩生于害，害生于恩，家长对孩子娇纵、溺爱，过分担心孩子受苦、受累的行为，会剥夺孩子自我成长的机会，长久看，是对孩子的伤害。

> 今天孩子的状态决定他们三十年后的生活。

6　做孩子的伙伴

家长们大都知道对孩子的陪伴有有效期,但是大部分家长在陪伴孩子时只做到了"陪",却没有做到"伴"。如何高质量地陪伴孩子,是家长的必修课。耶鲁大学一项研究发现,父亲积极陪伴孩子并参与孩子的成长,孩子的智商会比较高,学习成绩会更好,适应能力也会更强,更容易在事业上取得成功。

家长如何做才算是高质量地陪伴孩子呢?第一,把陪伴孩子纳入我们的日程表,把每天陪伴孩子成长作为我们最重要的工作,这样才能成为孩子的专家。第二,陪伴孩子时要"专"。丢掉手机,一心一意陪伴孩子。当今,手机是父母高质量陪伴孩子的天敌。第三,要做到"伴"的效果,"陪伴"孩子时要做孩子的伙伴,对孩子平等相待,与孩子充分交流。

如何做才能达到陪伴的效果呢?要用一颗平等的心去陪伴孩子。如,与孩子一起成长、一起运动、一起劳动、一起玩游戏、一起创造、一起吃饭、一起读书、一起涂鸦、一起做手工……当父母平等地对待孩子,能为孩子改变自己,与孩子共同成长时,就能做到高品质地陪伴孩子。

钱没有了可以再挣，而陪伴孩子的有效期非常短，转瞬即逝，而且不可逆。作为爸爸，再忙也要陪家人一起吃晚饭，每天陪孩子玩一次；作为妈妈，再累也要给孩子一个拥抱。父母用心做孩子的伙伴，伴孩子成长，是给孩子最宝贵的礼物，也是最好的教育。

"陪"的目的是"伴"。

7　如何帮助学习困难的学生

几乎所有孩子都会在学习上遇到困难,父母总是出于为孩子着想的目的给孩子提供一些帮助,而这些帮助有时反而会挫伤孩子的学习积极性。当孩子学习困难时,家长应该怎么做呢?

一是培养良好的亲子关系。和孩子沟通的态度比沟通的内容重要。孩子采纳家长建议的多少取决于亲子关系的亲密度,亲子关系好了,孩子才会听家长的。否则,孩子就会从内心排斥家长。

二是培养孩子的自信心。只有家长拥有足够的自信,才能给予孩子自信,孩子遇到事情时才会相信自己一定能够做好。父母如果信赖孩子,孩子就会非常喜欢父母,不会辜负父母的信赖。

三是不要主动插手孩子的学习。学习是孩子自己的课题,在没有被孩子主动邀请时,父母绝不要横加干涉。所有人际关系之间的矛盾,都始于对别人课题的过度介入。父母唯一能帮助孩子做的事情,就是悄无声息地培养孩子的学习兴趣,让孩子体验到获得知识的快乐。

四是帮孩子培养一项课外兴趣爱好。让孩子长期坚持一项兴趣爱好,通过兴趣爱好培养孩子的自信心。很难相信,一个在其他方面没有自信的孩子会在学习方面拥有自信。

五是让孩子分担一些家务劳动。让孩子参与家务劳动，培养孩子的自驱力和幸福感。参与家务劳动可以让孩子感觉自己有价值，找到在家中的存在感，从而慢慢树立自信心，产生贡献感和幸福感。

当孩子高烧不退、无精打采的时候，父母会降低对孩子的期待，希望孩子早日恢复生龙活虎，甚至是惹大人头疼的样子；一旦孩子身体恢复，父母就忘了初心，要求孩子在各方面都争第一。其实，孩子能平安无事地活着，本身就很可贵，希望家长不要用自己过高的期待去挫伤孩子的勇气，而应依赖孩子，放心大胆地让孩子独立完成他们自己的课题。

> 教育最难的事情恰恰就是引导、协助、激发人实现自我的觉醒。

8　让孩子做家务劳动

孩子一出生,就生活在一个充满斗争的世界中,与自己的天性斗争,与自然规律斗争,与父母的"爱心"斗争……

孩子刚出生时,夜里哭时,家长心疼,总是不断地抱起孩子,喂奶、安慰,不知不觉中孩子的生物钟就与自然规律相反,导致孩子晚上不睡白天睡,把大人折腾得够呛。

慢慢地,孩子长大了,自己会走路了,会通过哭控制成人,让家长抱、买糖果;再长大一些,孩子虽会做一些力所能及的家务,但总以学习为借口逃避劳动……此时,如果成人不坚持原则和底线,说了不算,朝令夕改,孩子、家长双方就会陷入痛苦的挣扎,最终两败俱伤。

为什么会这样?我们可以看事情的发展过程。成人看到帮助孩子会给孩子带去快乐,就对自己帮助孩子的行为非常满意,但是这种帮助往往会给孩子带去不幸。当孩子现在不想洗手、洗袜子时,家长帮助孩子,长此以往,家长会为这种做法付出代价。孩子得到第一个胜利后就期待第二个胜利,家长做出的让步越多,孩子渴望得到的事物就越多,最后家长对孩子欲望的一味满足会结出苦果。

孩子慢慢长大后，家长突然认识到自己错了，会说："我已经宠坏了我的孩子。"家长在不知不觉间阻碍了孩子接触真正的生活。奥地利心理学家弗洛伊德说过，幼儿的欲望就像一个沸腾的大锅，即使把整个世界蒸了、煮了，也不能够得到满足！

在家务劳动方面，家长遵循的是效率优先原则。许多家长认为孩子做得慢或者不信任孩子能做好，从而代替孩子劳动，不承想家长给予儿童不需要的帮助是儿童经受所有压制中的第一种压制。陈鹤琴先生说，凡小孩子能够做的事情，家长千万不要代做。替孩子做，有三害：剥夺孩子肌肉发展的机会，孩子容易懈怠懒惰，孩子不知道父母的劳苦。蔡元培也说过，所谓习惯者，非必写字、读书，然后谓之教育。扫地亦有教育，揩台亦有教育，入厨下烧饭亦有教育。总之，孩子的一举一动、一哭一闹，无不有教育。

劳动有利于孩子的身心健康，对于孩子的成长十分重要，主要表现在以下几个方面：一是劳动可以培养孩子的自我价值感，从而让孩子树立自信心，心生成就感、幸福感，富有独立精神，有利于孩子的身心健康；二是劳动锻炼孩子的肌肉，手是人的外脑，要手脑并用，智慧都是长在手指尖上的；三是劳动提升孩子的思维能力、处理事情的能力，可以调节孩子的心态，从而让孩子掌握有价值的人生技能；四是劳动能帮助孩子养成帮助别人的好品德，培养孩子的社会责任感和集体荣誉感；五是帮助孩子养成勤俭节约、体恤父母的品德。

因此，让我们记住，对孩子来说，好的教养之道为：于居家日常之中培养孩子受用一生的行为习惯，在行为习惯养成的过程中培养孩子独立、自信、专注的品质。幼儿阶段的学习，主要发生在游戏中、生活中、自然万物中。家长要把一部分家务劳动分给孩子，通过让孩子做家务把孩子教育成为有责任心的人。孩子常乐于帮助他人，要培养他们慢慢地把做某种家务当成自己的义务，并开始对此负责的习惯。

如何让儿童乐于做家务劳动，非常考验家长的智慧和能力。日常生活中，家长可以多带领孩子做家务，并适时地示弱，多鼓励孩子，如竖起一个大拇指说一声"谢谢"、给孩子一个拥抱……

> 世界上最好的父母，发自己的光，顺便照亮孩子。

9 训育孩子，身教胜于言传

父母对子女生活的影响主要是上学前，一旦孩子上了学，他就会受到很多外界的影响。上学前孩子挂在嘴边的是"我妈妈说"，上学后会变成"我老师说""我同学说"。等到孩子上学后父母再想改变孩子，就很困难，需要跟强大的外界力量做斗争，还不一定斗得过。所以家长训育孩子要趁早，给孩子做榜样要趁早，因为在孩子小的时候，父母就是孩子的全世界。

训育孩子并不是单向行为，而是双向行为，家长正确的言传身教是成功训育孩子的前提条件。有些家长每天打牌，却要求孩子好好学习，有些家长管孩子比较严，却往往管不住自己，控制不住自己的情绪，随意发火，批评、责骂孩子，一不顺心就拿孩子出气；有的家长对同事、对朋友不讲信用，没有节制、没有尊严，如何教育孩子呢？这样的家长在教育孩子时，又有什么说服力呢？训育就如骑双人自行车，孩子和父母需要齐心协力踩脚蹬，互相鼓励、互相监督，任何一方的懈怠都会让行程变得艰难。由此可见，"听话"两个字是强权型教养手段，是父母高高凌驾于孩子之上，要求孩子无条件地服从自己，不服从时，就采取各种强制性措施，对孩子实行各种惩罚。如此一来，很多事情本来应该孩子负责任，结果却变成了父母负责任。

有些家长经常用完美标准要求孩子，用平常标准要求自己，这样的训育就大打折扣。训育不是管教，管教是单方面的，而训育是双向的。如果想让孩子学会控制对物质的索求，家长就必须对孩子的花费有所计划；如果想让孩子控制自己的情绪，家长就必须先做到控制自己的情绪；如果想让孩子勇敢，家长就必须做出勇敢的榜样；如果想让孩子守信，家长也应该守信。如果父母自律、自制、自尊，井然有序地生活，孩子内心深处就会认为这是生活的准则。所以，训育孩子是家长不断"执我"的过程，是家长言行一致地给孩子做榜样的过程。

孩子不是听你说了什么，而是看你做了什么。

赢得孩子

10 善于发现孩子的闪光点，化弊为利

有一个案例，著名教育家陶行知先生在学校里看见两个小孩子打架，他立刻上前制止，然后让主动打人的小孩在放学后到办公室等他。

放学后，陶行知来到办公室，看到那个主动打人的小孩战战兢兢地站在那里。陶行知从口袋里拿出一颗糖递给小孩，说："这是奖励给你的，因为你按时到了，很守时。"

小孩还没来得及把糖放进口袋里，陶行知又把第二颗糖递给了他，说："这也是奖励你的，因为我不让你打人时，你立刻就停止了，说明你懂得尊敬师长。"

接着，陶行知又拿出一颗糖给他，说："我刚才调查过了，你打他是因为他欺负女同学，你路见不平拔刀相助，这个叫见义勇为，也值得表扬。"

小孩接过糖后，蒙了，难道今天打架是对的？

陶行知接着说："我问你，当时除了揍他还有没更好的解决方法？"

小孩说："我当时可以不揍他的，把他拉开，这事是我不对，

我以后不会再这么冲动了。"

陶行知满意地笑了，拿出了最后一颗糖，说："你能正确地认识到自己的错误，很好，我再奖励你一颗。人非圣贤，孰能无过，知错能改，善莫大焉。"

这个故事虽广为流传，但真正能从中有所领悟且身体力行的家长却寥寥无几。

许多家长认为，只有批评说教才能让孩子明白自身的错误并主动改正，其实鼓励更能让孩子愉悦地接受建议。批评、说教容易操作，鼓励则需要学习，需要动脑想怎么表达更合适，这很考验家长的教育智慧。

你关注什么，就会得到什么。

11　自然后果和逻辑后果

相信许多父母和老师都说过一句话："我已经告诉你一百遍了，你怎么还没记住？"我们需要认识到，在教育孩子时，只靠说是没有效果的，因为教育人的是事情，不是道理，只有让孩子自己去解决事情，在解决事情的过程中承担相应的责任，孩子才能学会对自己的行为负责。《正面管教》中写了两种让孩子学会承担责任的方法——自然后果和逻辑后果。

自然后果指自然而然地发生的任何事情，其中没有大人的干预。当做某事时，由于孩子的原因出现了问题，家长只需要与孩子共情，不要给孩子讲道理，让孩子自己承担相应的后果即可。运用自然后果要注意三点：一是不要讲道理、说教，更不能借题发挥，如"我早就告诉过你了""你以前就是这样"；二是温柔而坚定地与孩子共情；三是决定你要做什么而不是孩子应该做什么。

有一天中午，三岁的儿子不吃午饭，前一周也出现过类似的情况，我们在上周五召开的家庭会议上共同讨论过这件事，共同决定如果孩子不吃午饭，下午只能吃水果和喝水。我们先和孩子商量好，体现出家长平等对待孩子，及家长对孩子的充分尊重。下午三点，儿子饿了，哼哼唧唧了两三次，告诉我："爸爸，我饿了！"我放下手里的工作，蹲下来抱着他说："爸爸知道你饿了，你一定非常难受，我也希望给你吃一些零食，但是我们在家庭会议上说过，中午不吃饭，下午只能吃水果和喝水。你是选择吃水果还是喝水呢？"儿子为难地说："那我喝水吧。"就这样，在家里有零食的时候孩子也得遵守家庭会议制订的规则。经历过这次后，第二天中午他就认真吃饭了。

在运用自然后果时，家长一定要温柔而坚定，但许多家长受不了孩子的哼哼唧唧和失望情绪。孩子做事磨蹭、不吃饭其实是孩子人生中犯的小错误，是让孩子成长的垫脚石。有时候，有些问题在成人看起来是错误，对孩子来说则是成长必须面对的课题。如果孩子真的错了，最好的办法是不要剥夺他犯错的机会，而要让他明白自己犯了错误，这比我们直接告诉他怎么做效果更好。孩子的进步常发生在他做错事的时候。孩子视错误为麻烦，我们应视错误为机会，要珍惜每一次机会，让孩子体验自然后果，慢慢成长。

逻辑后果不同于自然后果，它要求大人和孩子在家庭会议或班会上共同制订规则。简单来说，当孩子犯错时，大人应介入，制止孩子的不良行为，引导孩子转移到有价值、有贡献感的行为上，从而使他们从不良行为中得到成长。而不是为了惩罚孩子，把孩子转移到感到痛苦的行为上。使用逻辑后果要注意两点：一是转移到积极方面，不能只是让孩子吃苦头，孩子做了某事后，应让他感觉有贡献感、价值感；二是相关性，制订规则时应充分尊重孩子（不能责难、惩罚），符合孩子的认知，预先告知孩子做某事的结果。

书中有个案例，学生马克上课捣乱，作为惩罚，老师让他抄写30遍课文。但马克不抄写，老师认为惩罚力度不够，加倍惩罚他抄写60遍，马克更加抗拒，结果被罚抄写120遍，还要求叫家长。许多老师也同样相信，如果惩罚不起作用，那一定是家长不支持老师的惩罚方式。马克的妈妈不相信惩罚的有效性，在与老师协商时，她首先表明她同意老师的看法，马克的确没有尊重老师，扰乱了课堂秩序，然后，她告诉老师能否让孩子帮老师做一些使他的工作更轻松的事情，以弥补这个错误。比如，让马克帮他擦黑板、倒垃圾或者帮他干些其他的事情，这样就把马克的错误行为转移到有价值感、贡献感的行为上，孩子就会变得自信和幸福。

教育的主要目的是激励孩子做得更好，我们可以发怒，但一定要考虑清楚我们这样做的目的是什么。

> 所有的孩子都是没有问题的，只是有需要超越的方面。

12　孩子玩手机，家长怎么办

家长回家后，看到孩子玩了很长时间的手机，往往非常生气，大脑直接进入"爬行脑"状态，自己平时学习的教育理念全部被抛到脑后，开始打骂、侮辱、惩罚孩子。家长这样做能让孩子改掉玩手机的坏习惯吗？孩子从家长的惩罚中学到了什么？家长给孩子做了一个什么样的榜样？

传统的教育方式关注的是不要孩子做什么，孩子犯错时要惩罚孩子，相信惩罚能使孩子变得更好，相信孩子要先受到伤害才能有所收获，相信通过伤害孩子可教给他们分辨对错的方法。其实，结果正好相反，孩子还是会背着成人玩手机，犯错的行为更加隐蔽。在家长惩罚孩子的那一刻，孩子在思考如何应对惩罚，在思考家长为什么能长时间玩手机而没有受到惩罚，在全身心寻找尽快脱离惩罚的方法，或者在思考下一次玩手机如何才能不被发现。他们没有真正认识到自己的错误，没有思考改正的方法。以下方法也许能正确地帮助家长处理这个问题：

一是先处理心情，再处理事情。家长要积极暂停，退出与孩子的争吵和权力之争，但退出并不是宽恕孩子，而是为了创造与孩子轻松沟通的氛围，这时候可以冷静地告诉孩子："我回到家看到你长时间玩手机，非常生气，等我平静下来，再处理这件事儿。"如果发现自己已经失去耐心，变得很急躁，可以从 1 数到 10，让心情平静，或者马上离开，去干自己喜欢的事情。如果能做到这一步，就取得了 60% 的成功。氛围能改变人的思维和行为方式，只有在亲子之间没有敌意和距离之后，家长的话才能对孩子造成积极的影响。

　　二是心平气和地与孩子一起解决问题。当家长心情平静后，和孩子一起解决问题，让孩子成为解决问题的积极参与者，而不是接受者。充分尊重孩子，调动孩子解决问题的积极性，避免权力之争。家长可以说："孩子，我下班后看见你在长时间玩手机，心里非常难过，担心你的眼睛受到伤害，担心你的学习退步……你说今后怎么办？"家长可以把你看到的、想到的以及对他的期望全部说出来。孩子是非常敏感的，他感受到你对他的尊重，就会从心底听你的话，会感到非常愧疚，会反思自己的错误，然后找出解决问题的方法。问孩子该怎么做要比告诉孩子怎么做更能引起孩子的注意（我们在工作中不也是如此吗？）。当然，孩子不一定一次就能把问题处理得很好（大人也不一定一次就能彻底改正错误），但是孩子至少学习到了如何解决问题。

　　三是告诉孩子你对他的期望，给孩子无条件的爱。家长若能先处理心情，再处理事情，充分尊重孩子，那么与孩子的亲子关系往往是稳定的。孩子感受到了家长无条件的爱，能够从家长那里知道解决问题的方法，一定会按正确的方法去做，因为孩子感受到家长对自己的信任。

四是做自己孩子的教育专家，培养孩子的兴趣爱好。家长应该时刻保持警觉，在生活中多关注孩子，多陪伴孩子，做自己孩子的教育专家，找到孩子的兴趣爱好，做一位好玩的家长，陪孩子创设丰富多彩的互动游戏，游戏往往比手机精彩，游戏中隐藏着孩子未来所需要的各种生活技能。

孩子玩手机也提醒家长：家长是孩子的榜样，我们是否经常长时间看手机？我们以为在玩手机时孩子没有注意到我们，其实他们一直在暗中观察我们的行为；反思自己是否对孩子要求太严格。教育是安全下的放手，可召开家庭会议，与孩子一起制订规则，共同遵守规则；创设良好的亲子关系，良好的亲子关系价值千万，决定教育孩子的效果；尊重孩子，如果一个孩子生活在被尊重的氛围中，他就会逐渐树立自信，如果一个孩子生活在信任的氛围中，他就学会了担负责任。

孩子爱看手机，是因为没有好玩的家长。

13　孩子之所以优秀，往往源于家长的身教言传

高考成绩出来后，有人喜、有人忧，其实，每一个成绩优秀的孩子都是有迹可循的。孩子的优秀，离不开家长默默无闻的付出。那些别人家的孩子，他们的父母做的最重要的事就是做孩子的榜样和高质量陪伴孩子。我们经常说一流父母做榜样，二流父母做教练，三流父母做保姆，养育孩子的过程是家长进行自我教育的过程，家长在生活中要努力成为孩子学习的榜样。

孩子的价值观取决于他所尊敬的人、爱戴的人的价值观，孩子对这些价值观加以吸收，成为自己价值观的一部分。孩子究竟能学到多少知识，取决于他对教导人的情感反应。孩子和教导人的关系越亲密，孩子学的知识就越多；反之，如果和教导人关系差，就可能学到的知识很少，甚至对教授的知识充耳不闻。所以，你要想让孩子接纳你的价值观，首先要和孩子搞好关系，努力成为孩子尊重、爱戴的对象，只有这样孩子才能形成和你一样的价值观。

美国心理学教授艾莉森·高普尼克说，你是个什么人，你跟孩子关系怎么样，比你怎么做要重要得多。有的家长抱怨孩子："为什么别人家的孩子那么优秀，看看你！"我想反问这些家长，你们

和别人家的家长一样优秀吗？一个不爱看书的家长，怎么能养育出一位爱看书的孩子呢？教育孩子时首先要解决父母自身的问题，想要培养一个优秀的孩子，得先做优秀的父母。

一是孩子的好习惯来自家长的身教。经常听到有些父母抱怨："孩子的好习惯好难培养啊！坏习惯倒是一学一个准！"孩子好习惯的养成关键期，是在10岁之前。在孩子没有自主思考能力时，家长要引导孩子形成好习惯。培养孩子养成良好习惯的过程，需要家长自律和以身作则，不能把孩子丢给老人，自己去喝酒、打牌。最好的教育方法是父母做孩子的好榜样，一次身教胜过一万次说教，大部分孩子并不是一出生就优秀，而是家长在无限精进中潜移默化地影响孩子。孩子会情不自禁地去模仿家长，所以家长希望孩子成为什么样的人，就要去做什么样的人。

二是孩子的幸福感来源于智慧家长的耐心陪伴。孩子的幸福感来源于内心的安全感和价值感。要让孩子感觉自己是值得被爱的，家长的高质量陪伴能让孩子生出幸福感，所以家长要耐心地陪伴孩子。相反，孩子长时间缺乏父母的陪伴，内心会极度缺乏安全感和幸福感。每一个幸福的孩子背后都有愿意花时间陪伴孩子的父母。

三是良好的亲子关系源于家长愿做孩子的玩伴。我们身边有很多父母，为了挣钱、工作，把孩子丢给老人，认为孩子是自己亲生的，以后一定会和自己亲密无间。事实上，如果父母不能成为孩子的玩伴，就不可能与孩子形成良好的亲子关系。家长要成为孩子的玩伴，应与孩子共情，多关注孩子，与孩子充分交流、平等谈话，陪伴孩子时关闭手机。

家长陪伴孩子的有效期真的很短，趁孩子还小，家长应抓住每一件小事、陪伴孩子的每一分钟，增加自己和孩子之间的亲密感，下班后多陪孩子打闹一会儿，睡前多陪孩子读读书，假日多带孩子出去远足……

我们真的没有那么忙，只要我们稍微放弃一些无效社交，陪伴孩子时足够用心，孩子就很容易满足，亲子关系就绝对不会太差。如果在孩子需要教育的时候，你选择赚钱，不去教育孩子，等孩子长大后，你辛辛苦苦一辈子赚的钱，都抵不过他败家一年。土地不骗人，秋天不骗人。我们在做事情时，可以做得很好，也可以草草了事、心不在焉，但把时间用在哪里，哪里就会开花结果。家长要想教育好自己的孩子，必须要有热情、恒心和与之同甘共苦的毅力，今天有什么样的家庭教育，明天就有什么样的孩子。

家庭教育就是一个不断"执我"的过程。

14　如何将不良行为转向积极行为

孩子的行为犹如硬币的两面,家长要有足够的耐心,从孩子的每一个不良行为中发现孩子的优点。好动的孩子往往比较机灵,当家长能看到这一优点时,就能帮助好动的孩子将其不良行为转化为积极行为。在教育中,鼓励是最有效的方法。正如植物的健康成长需要阳光,没有鼓励,孩子就无法积极健康地成长。鼓励,正如阿尔弗雷德·阿德勒所说,让孩子接受现在的自己,不管结果如何,首先让他树立起向前迈进的勇气。

现实生活中,孩子在做对事的时候需要被鼓励,在行为不当的时候更需要被鼓励。鼓励是帮助孩子改正错误的最好方法。鼓励可以简单到是一个帮助孩子感觉好起来从而做得更好的拥抱,鼓励也可以是给做错事的孩子一个弥补的机会。让孩子做出弥补对于孩子来说是鼓励,是在不伤害孩子尊严和让孩子感受到被尊重的情况下,让孩子学习对自己的行为负责,从而产生自我价值感和贡献感,不必担心受到责难、羞辱。如,一个孩子在课堂上扰乱秩序,老师可以通过让他给大家服务的形式弥补过失(帮大家分发作业本,帮老师去办公室拿急需的物品等);一个幼儿不愿意在做完手工之后收拾乱糟糟的东西,老师可以让他负责收拾并整理班级的物品,并教给他如何教其他孩子像他那样收拾、整理东西。既不让孩子感觉自己受批评,又能让孩子感觉自己有存在的价值,变相地鼓励孩子,将孩子的不良行为转变为积极的行为。

案例: 两个孩子用橙子砸一个邻居的汽车。妈妈发现后,以一种友善的方式引导他们作启发式讨论。妈妈先表示理解孩子的想法:"用橙子砸邻居的汽车一定是一次让人很开心的冒险。但是,我先猜测一下,我敢肯定你俩没有想过,当邻居看见他的汽车被弄成这个样子会是什么感受?"

两个孩子有点儿后悔了。

妈妈继续说:"如果有人往你俩的汽车上扔橙子,你俩会是什么感觉?"

孩子承认他们会很不乐意。

然后妈妈问:"想想看,你俩做些什么能弥补你们的错误呢?"

孩子说不知道。

妈妈继续说:"孩子,这不是要给你们找麻烦,我们都会犯错误。我们要从错误中学习,尽可能弥补过失。你们都是解决问题的能手。如果你们有辆车,别人用橙子砸了你们的车,别人要怎么做才会让你俩感觉好一些呢?"

孩子想了想说:"希望他们说对不起。"

"希望他们把车洗干净。"

妈妈说:"这听起来都是好主意。你们愿意这样做吗?"

两个人虽有些不情愿,但都认为这是应该做的事情。

这件事情告诉家长，孩子犯错后，不要第一时间惩罚他们，而要让他们接受现在的自己，找到弥补的机会，教会他们如何去解决问题，教会他们怎么做才是对的，要把错误变成一个学习的机会，至少以后再做事情时会多考虑一下后果。不管结果如何，首先要帮助孩子树立起向前迈进的勇气。

尽管鼓励能帮助孩子改正不良行为，但对一个正在做出不良行为的孩子进行鼓励并不是一件容易做到的事，许多家长不知道如何鼓励。甚至有些家长认为，惩罚犯错的孩子比做出弥补更为重要。

总之，鼓励有五种方法：一是在孩子伤心时大人给孩子一个拥抱；二是孩子做对事后大人应欣赏和认可孩子；三是孩子寻求帮助时，大人给孩子一个"急救包"；四是孩子做错事的时候，让他们对错误做出弥补；五是给进入报复阶段的孩子一个真诚的道歉。

让孩子多一些成功的体验。

第五章

良好的亲子关系价值千万

《萝卜》

1 建立平等关系

为什么孩子没有内驱力？为什么孩子不能独立完成自己的课题？因为家长没有和孩子建立良好的亲子关系。良好的亲子关系价值千万，如何建立良好的亲子关系呢？家庭成员之间互相平等是决定因素。

在家庭中，家长稍有不慎就会不平等地对待孩子。如，在公共场所，孩子安安静静地坐着，妈妈想用表扬的方法激励孩子继续保持安静，就表扬孩子："真了不起，这么乖！"同理，如果丈夫也安安静静地坐着，妻子因此表扬丈夫："真了不起！"丈夫一定会感觉到妻子小瞧自己。那么，为什么要表扬孩子呢？就是因为没有平等地看待孩子。

良好的亲子关系是孩子健康成长的基石，要建立良好的亲子关系，父母与孩子平等是前提。平等是什么？平等是虽然孩子没有家长有经验、没有家长知识丰富，但他们拥有和家长一样的人格。平等地对待孩子，即使孩子犯错和获奖也不能随意地训斥和表扬孩子。只有认为孩子与自己不平等时，才会不分情况地批评和表扬孩子。表扬是一种自上而下的评价，批评是因为孩子地位不如自己高。但是，良好的亲子关系并非上下级关系。

建立良好亲子关系的前提是孩子在家庭中感到人人平等。孩子感觉平等的前提是父母无条件地爱孩子，无条件地爱孩子的前提是家长充分尊重孩子。让孩子感觉受到尊重的前提是倾听孩子，给孩子选择权，否则，孩子会通过反复制造麻烦和不学习引起家长的关注，试探家长是否无条件地爱他。

> 虽然孩子没有家长人生经验、知识丰富，但他们拥有和家长一样的人格。

2 举办家庭会议

孩子不听话,乱扔乱放自己的物品,家长回到家,映入眼帘的是满屋的凌乱:玩具扔得哪里都是,衣服放得哪里都是,饼干渣儿、童话书到处都是……心情往往会顿时变得烦躁。特别是家中有几个孩子的家长,每时每刻都要充当"警察""法官""陪审员""执法官"等角色。有时家长会忍不住对孩子大吵大闹,甚至动用武力,但教育效果很差。孩子在家长的大吵大闹中学不到任何知识。解决上述问题,不如试一试召开家庭会议的方法。

知己知彼,百战百胜。事实上,即使父母也未必真正了解孩子。家长在处理事情时,虽然能够对孩子了解一二,但还有很多地方不了解孩子。与其做出一些错误的判断,倒不如在对孩子的言行产生疑问的时候坦诚地询问孩子,和孩子一起找到解决问题的办法。坦诚地询问孩子,可以通过两种方式:一是通过设置问题牌了解每一位家庭成员的喜怒哀乐;二是通过召开家庭会议了解孩子。家庭会议能给孩子带来幸福感、自信、自我价值感、成就感、归属感,加强家人之间的合作,能培养孩子的组织能力。家庭会议是向孩子传递积极的信息,让他们参与进来,一起解决问题,而不是去学习如何操纵别人，可以避免家长和孩子的权力之争。有权力之争往往有输赢，败下阵来的一方会很快进入"复仇阶段"，从而双方会陷入无休止的争斗循环，对于一个家庭来说，最终只能是两败俱伤。家庭会议能帮助家长从权力之争中跳出来。

家庭会议需要注意的问题：

（1）固定时间，雷打不动，如每周五晚上。

（2）在家庭会议中提出问题，本周或者下周想出解决方案。

（3）规定适用于全家每一个人。

（4）方案一定要书写下来，贴在大家都能看到的固定位置，最好用打孔纸，便于保存。

（5）围坐一张桌子，专心解决问题，不能在吃饭时召开会议。

（6）设置轮值主席：每个人每周轮流一次，负责召开家庭会议。

（7）设置秘书：每个人每周轮流一次，负责记录，并张贴出来。

（8）书写致谢信。

（9）让孩子列出下周需要做的所有家务劳动，并写在纸条上，放进一个盒子里。让孩子每天抽一件家务劳动去做，培养孩子的责任感。

召开家庭会议的具体步骤：

（1）轮值主席每周召集大家开一次会。

（2）从轮值主席开始轮流手拿发言棒，向每个人致谢，让孩子看到每个人的优点，避免相互羞辱。

（3）每个人说出需要解决的问题，并讨论如何解决。

（4）每个人说说从本周犯的错误中学到了什么。

（5）计划下周的活动，并且商量如何恰当安排活动。

（6）计划下周的家庭娱乐活动。

（7）以唱励志歌、跳舞、碰杯、拥抱等方式结束会议。

增添趣味的小方法：

（1）家庭格言：如励志关键词。

（2）感谢信。

案例：

2024年1月13日

励志关键词：健康、快乐、勤俭、生命多姿多彩

①父母致谢小儿子：理发不出声；一起做盆栽，有美感，善于发现美；坚持学习英语、绘画；坚持每天做家务，如刷碗、扫地、收拾凳子；本周吃午餐，又快又干净，节省了父母好多时间。

②父母致谢大儿子：能坚持自觉学习，树立了远大理想；保持家内地面干净；每天能按照抽取的便条做家务劳动。

③两个儿子致谢爸爸：带我们去博物馆；给我们做早餐……

④两个儿子致谢妈妈：给我们买绘本，绘本非常好看……

本次家庭会议需要解决的问题：小儿子遇到困难时哼哼唧唧，晚上不能按时休息；大儿子假期赖床。

家庭会议活动：观看电影《夏洛特的网》。

> 孩子的问题不是问题，家长对待问题的解决方式才是问题。

3 良好的沟通是亲子关系的"润滑剂"

常听到身边的父母这样抱怨:"为什么现在的孩子如此不听话?""为什么现在的孩子不愿意与家长沟通?""为什么孩子不喜欢听家长讲话?""为什么孩子如此叛逆?"……乍听起来,好像现在的孩子很不好管,很不好沟通,很不近人情,很不懂道理,很叛逆。究其原因,问题产生的根源在于家长对待孩子的方式、方法和态度。家长没有与孩子建立良好的亲子关系,不会和孩子进行深度沟通,缺乏和孩子沟通的技巧,所以才出现了上面家长的抱怨。

亲子沟通是指家长有目的地向孩子传达信息、传递思想,与孩子进行情感交流,理解孩子并为孩子所理解,从而与孩子达成共识的过程,这一过程中亲子之间相互平等、尊重和信任。沟通分为"沟"和"通"两步,"沟"是手段,"通"是目的。良好的亲子关系是"沟且通",糟糕的亲子关系是"不沟不通""沟而不通"。

沟通是双向交流的共情的过程。要达到良好的沟通效果,一是要尊重孩子。尊重是家长实事求是地看待孩子,认识到孩子的独特个性与能力,努力使孩子成长并让孩子发展自己。沟通的前提是倾听孩子,孩子把该说的话说完,父母把该听的话听完,倾听过程中家长尽量不发表任何评价，如果家长不知道如何回答，重复孩子说的最后几个字即可，让孩子感受到家长在认真听他讲话。在现实生活中，有的家长在听孩子说话时听一半就不耐烦了，对孩子的话敷衍了事或无回应；还有的家长打断孩子讲话，然后按自己的意志控制孩子，此时孩子感受到父母没有尊重他，会回避和家长进行深入沟通。二是要和孩子共情。共情不是同情、同意和移情，而是站在孩子的立场理解、接纳孩子的感受和情绪；不是站在家长的立场看待孩子的问题，而是站在孩子的立场，体验孩子的内心世界。许多家长与孩子沟通失败的原因就是没有和孩子换位思考，没有做到感受孩子的感受、体验孩子的体验，而是把自己的意志和价值观强加给孩子，这是一种"伪共情"，孩子会因此失望、失落，这只是单方面的"沟"，没有达到"通"的效果。长此以往，孩子也会用家长对待他的"伪共情"的方式对待家长的问题。三是和孩子沟通。沟通是双向轮流互动，家长和孩子多一些互动，会产生深度沟通的效果，家长先认同、接纳孩子的感受，创造良好的沟通氛围，才能让孩子愿意和家长沟通，想去和家长沟通。

　　当孩子出现情绪问题时，真正懂教育的父母，会懂得积极暂停，明白沟通氛围的重要性大于沟通内容，他们会按照三个步骤去做。第一步，父母先处理好自己的情绪。只有父母心情好、心态好，沟通才有效，亲子关系才会和谐，才有利于问题的解决。第二步，处理好孩子的情绪。孩子情绪越不稳定，越需要家长帮助，越需要家长共情。家长只有共情、尊重孩子的感受，孩子才会坦然地对家长说出自己的问题。第三步，帮孩子找到解决问题的方法。沟通氛围融洽了，孩子的情绪稳定了，就能找到更好的解决问题的方法。

亲子关系的好坏决定家庭教育的成败。亲子沟通是媒介，亲子沟通要从"心"开始，父母要无条件地爱孩子，让孩子感受到父母的良苦用心，唤醒孩子的觉醒。父母要始终用积极的心态面对孩子成长过程中出现的各类问题和错误，家长在与孩子沟通时要多采用尊重、鼓励、正向、积极的语言，少用否定的语言。让我们从现在开始，先共情孩子，再与孩子沟通，做一位善于沟通、勤于沟通的家长。

> 教育的目的不是逞能，不是秀姿态，而是让孩子如其所是地成长。

4　与孩子共情

和孩子共情（不是同情）其实很简单，就是感受孩子的感受，把自己放在孩子的位置上去感同身受，然后再作出恰当的反应。共情的威力是巨大的，尤其是在孩子情绪低落的时候。如，家长因为外面太热而不让孩子出去玩，孩子因此而生家长的气，这种情绪迟早会发泄出来。具有共情心的家长会对孩子说："我知道你因为爸爸不带你去外面玩而生气，你一定非常难受，我很抱歉。你想玩别的游戏吗？"其实孩子也知道外面热，他只需要家长对他共情和尊重。对于家长的一些要求，孩子有权利生气，当孩子生气时，家长可以陈述孩子的感受，在帮助孩子扩充现有的情感词汇量的同时，告诉孩子，生气是一种可以控制的情绪。在适当的情况下与孩子共情，能够让孩子很快消除消极的情绪，这远胜于用转移孩子注意力的方式或者轻视孩子情感的方式解决问题。

在日常生活中，如何给予孩子共情和尊重？有一天晚上，孩子不想洗澡，对我软磨硬泡。我那天也非常累，而且还有无数的事情在等着我去做。我再也受不了孩子的这种无理取闹，就冲进卫生间，猛地拉开浴室推拉门，准备用武力解决。就在我的怒火冲上头顶,我的大脑将要变成"爬行动物脑"的一瞬间,我看到了手机屏保上"共情孩子"的提示语,它提醒我必须冷静下来,去试着共情孩子。于是我深吸一口气,决定拿出几分钟时间对孩子进行情感引导。

我说:"宝贝,你今天是不是太累了?不想洗澡?"

孩子说:"是的,爸爸,你能给我洗澡吗?"

我说:"我知道你非常累,希望我给你洗澡,但我现在必须去做晚饭。我非常抱歉,你这么累还得自己洗澡,但你的身体真的非常脏,赶紧去洗完澡,然后吃饭,好吗?"

孩子说:"好吧。"

回到厨房,我很庆幸自己没有忘记与孩子共情。没有哪个父母是完美的。在日常生活中我们要尊重孩子,与孩子共情,孩子才会配合我们。成功的情感引导意味着家长要先处理好自己的情绪,再去解决事情,沟通的氛围永远比沟通的内容重要。

先处理心情,再沟通事情。

5 如何对孩子进行情感引导

情感引导的步骤为:一是播下种子(怎么做是对的?期望目标);二是观察和判断(理解孩子的想法);三是倾听(蹲下来倾听,先听后说);四是体察并理解孩子的感受(准确地说出孩子的感受);五是共情(站在孩子的角度理解孩子)。掌握了这些,它们将很快成为你做事的法则。

去年,我和三岁的儿子去青岛看大海。我提前和儿子商量好,我们要乘坐一上午的高铁,让他在高铁上不能哭闹,不能来回走动,需要暂时离开妈妈几天,住几天酒店。我问他"能做到吗",他说"能"。那次是我第一次长时间、长距离带他出去,还真担心他在心理上受不了。在出发当天的早上,我还刻意提醒了他一下(提前播种合作的种子)。

当高铁走到石家庄时(已经连续坐了两个半小时的高铁),孩子的耐心到了极限,他在座位上不停地扭动,我就从旅行包里拿出他最喜欢玩的玩具和他爱看的图书,让他打发时间。家长需要仔细观察并了解孩子的个性,这有助于我们预测随时可能会面临的问题,并提前做好准备(观察和判断,提前拿玩具、图书)。观察的目的在于体察孩子的需要。看看孩子是不是饿了、渴了、累了、热了、冷了、过度兴奋了。不乖的行为往往是孩子表达这些基本需求的手段，我们一旦满足了孩子的基本需求，孩子很快就恢复安静。

高铁又运行了一个小时，孩子对玩具失去了兴趣，又开始躁动不安起来。他告诉我："爸爸，我想去前面座位上坐一会儿。"我同意了。家长一定要尽最大的努力认真倾听和理解孩子的想法，不能三心二意，孩子的观察力非常强，能感受到家长是否在认真地倾听他的话语。有时候，如果我不注意倾听孩子的话，孩子一定会提醒我，让我好好听他讲话（倾听，先听后说）。

儿子坐在座位上，由于好奇心，手不停地乱动。我听见"啪"的一声，随后，他跑到我身边，变了脸色，快要哭出来了。我感觉不对劲儿，问他发生了什么事儿，他胆怯地说："我把叔叔的杯子打碎了。"于是我让他带我去现场，我代儿子给旅客道了歉，然后向旅客赔款，并找列车员清扫垃圾。儿子哭着说要回家，感觉做错事了，不好意思。那位叔叔说："这都是小事，别害怕，你很勇敢。"我搂着儿子，把处理的经过告诉他，儿子点点头，跟我回到座位上。我们有两种方式处理这种情况：一种是不把孩子的感受当回事，另一种是承认并接受孩子的情绪。孩子在遇到困难时需要父母的指导和支持，家长应该正视他们的感受，忽视或者轻视他们的感受，都只会令他们感到沮丧（体察并理解孩子的感受）。家长应理解孩子的感受，让孩子感到家长的关心，孩子碰着了，说疼，家长要理解孩子，哪怕抱一下孩子也行，不能说："没事儿，你是男子汉。"如果这样做，就忽视了孩子的感受，长大后，孩子也会像你忽视他的感受一样忽视你和其他人的感受。

共情的力量是惊人的。特别是当孩子经历消极情绪的时候，如果你能站在孩子的立场上思考问题，而不是轻视孩子的感受或者试图转移孩子的注意力，孩子的消极情绪就会很快消失，孩子会感到安慰，内心充满安全感和归属感（共情孩子）。

吃一堑长一智。如果我害怕孩子承担责任，害怕孩子经历苦难，会使他错过对生活的即时体验，将是多么可悲。面对错误，如果逃避、不承认，会使小事变成大事；勇于承认错误，会让大事变小。该花的钱不能不花，该承担的后果不能不承担。不一会儿，孩子就恢复了平静，那一刻，我知道他重新获得了力量。

尊重是对孩子最好的鼓励。

6　平等和谐的亲子关系才是孩子的起跑线

现在大家都爱说让孩子"赢在起跑线上",也逐渐认同父母才是孩子的起跑线。关注优秀的孩子,我们会发现,妈妈乐观平和,爸爸积极参与育儿,家庭温馨有爱,这种充满爱的环境才是培育亲子关系的基石,才会让孩子赢在起跑线上。

在生活中,我承认我打过孩子。孩子 3 岁时,在一个工作日的晚上,在我第 N 次让他去刷牙却被他拒绝了之后,我的大脑瞬间变成了"爬行动物脑",我抱起他,准备施展硬措施,径直把他放到了浴室门外,甚至还恶狠狠地推了他一下。那一刻我疲惫焦躁,脑子里只有一个念头在循环:刷牙、刷牙,必须刷牙!孩子被我突如其来的吼叫吓哭了。这时候,家人在外面听到了孩子的哭声,赶忙过来救场,一场看似无休止的战争戛然而止。刷过牙后,孩子来到卧室,委屈地看了我一眼说:"爸爸,我刷完牙了。"这时,看到孩子无助乖巧的样子,我的感觉糟透了:天哪,我今天到底干了些什么?无视孩子的感受,不尊重孩子,简单粗暴不耐烦……我非常内疚,知道自己做错了。我意识到,平日里积累了很多负面情绪,这些负面情绪在我身体里横冲直撞,寻找出口,把我变成了"怪兽爸爸"。

  我因为心情不好，对孩子的陪伴不知不觉就潦草起来，就算是陪他看书、玩耍、唱歌、游戏……我所做的每一件事都藏在"赶紧睡"的潜台词下。陪伴的质量不高，我和孩子都能感觉到。与孩子的每一次争吵，都让我陷入深深的自责。那一次，我给孩子道歉，说爸爸由于工作压力大没有耐心，讲我工作中遇到的困难……那时候我发现，其实承认自己的失败并不可怕，生活中总有撕扯，耐心总有用完的时候。听我讲完这些，孩子说："爸爸，我抱抱你。"因刷牙而引发的那次冲突最终和解了。孩子总是无条件地爱我，耐心地听我讲话。

  在生活中，不仅我们温暖着孩子，孩子也同样温暖着我们。我很幸运，火山爆发后带来的不是伤害，而是暖洋洋的拥抱，我坚信平等和谐的亲子关系才能让孩子赢在起跑线。

> 教育并不缺乏知识和道理，缺乏的是成人身上具有的光。

7　如何培养孩子的责任感和价值感

价值观不可以直接传递。孩子的价值观取决于他认为尊敬的人、爱戴的人的价值观，孩子会对尊敬的人、爱戴的人的人生价值观加以吸收，让它们成为自己价值观的一部分。

孩子究竟能学到多少知识，取决于他对教导人的情感反应。他和教导人的关系越好，他学的知识就越多；反之，他和教导人的关系越差，他学的知识就越少，甚至会对教导人的话充耳不闻。所以，要想让孩子接纳你的价值观，首先要和孩子搞好关系，努力成为孩子尊重、爱戴的对象，孩子才能接纳你的价值观。

如何培养孩子的责任感和价值感呢？

一是责任感和价值感不可以传递给孩子，只能从孩子内心产生。如果孩子的责任感没有正确的价值观来支撑，那么孩子长大后可能会危害社会，一些社会小混混大都是因为没有树立正确的价值观。太多的家长相信，好爸爸、好妈妈就应该保护孩子免遭任何挫折和失望，因此，他们会包揽孩子遇到的一切困难或过度保护孩子，从而剥夺孩子的责任感和价值感。有个别家长因为图省事，常常忽视培养孩子的动手能力，剥夺了孩子的自信心和自我价值感，阻碍了孩子形成自我归属感、贡献感，无法教给孩子人生技能，无法让孩子体验到社会责任感。孩子做错事时，家长会反过来埋怨孩子，嫌他们没有责任。当父母和老师对孩子太严格和控制过多时，便无法培养不了孩子的责任感；当父母和老师对孩子太娇纵时，也培养不了孩子的责任感。孩子只有在和善而坚定、有尊严、受尊重的氛围中，有机会去学习具备良好品格所需要的有价值的社会和人生技能时，才能慢慢培养出自我责任感。

二是和谐的亲子关系是培养孩子责任感和价值感的基础。努力成为孩子尊重、爱戴的人，孩子才能向我们学习更多的知识，从而吸收我们更多的价值观，并内化为自己价值观的一部分。孩子究竟能从我们身上学到多少知识，取决于他们内心对我们教导的情感反应。如果父母能认真倾听孩子，努力理解孩子的观点，创造和谐的沟通氛围，父母对孩子责任感的培养已经成功了一半。

三是给孩子安全范围内真正的放手。孩子不是一生下来就具有责任感和价值感的，责任感和价值感的建立需要成人多年的努力培养。教育是一种在安全范围内对孩子的训练，通过训练，利用自然后果让孩子试错。给孩子机会，让孩子自己判断，自己解决麻烦，这样的孩子比起那些没有自主权、整天被安排的孩子更容易有责任感。在日常实践中家长要找一些适合孩子年龄和理解力的事情，让孩子选择性地去做，锻炼孩子的判断力和选择力。孩子小时候自己能正确地穿衣、吃饭、选朋友，长大后才有可能找对伴侣、找对工作。

四是家长树立榜样，用正确的价值观去引导孩子。家长之所以反对孩子做某件事,是受自我价值观的影响,所以教育孩子,应向孩子传递正确的价值观。如果一个孩子生活在批评中,他就学会了谴责;如果一个孩子生活在敌意中,他就学会了争斗;如果一个孩子生活在恐惧中,他就学会了忧虑;如果一个孩子生活在怜悯中,他就学会了自责;如果一个孩子生活在讽刺之中,他就学会了害羞;如果一个孩子生活在嫉妒之中,他就学会了嫉妒;如果一个孩子生活在耻辱之中,他就拥有了负罪感。如果一个孩子生活在鼓励之中,他就树立了自信;如果一个孩子生活在温和的氛围之中,他就拥有了耐心;如果一个孩子生活在鼓励之中,他就学会了感激;如果一个孩子生活在接受自我之中,他就学会了爱;如果一个孩子生活在父母的认可之中,他就学会了自爱;如果一个孩子生活在奋斗之中,他就明白了要上进;如果一个孩子生活在分享之中,他就学会了慷慨;如果一个孩子生活在诚实和正直之中,他就明白了什么是真理和公平;如果一个孩子生活在安全的氛围中,他就学会了相信自己和周围的人;如果一个孩子生活在友爱之中,他就明白了世界的美好;如果一个孩子生活在真诚之中,他就会忠于自己的内心。

良好的亲子关系价值千万。

8　无条件的爱是什么

有些家长的观念很荒诞，认为若要让孩子做得更好，就得先要让孩子感觉更糟。在现实生活中，成人施爱的行为应得到爱的接受者的认可。而许多案例表明，成人由于缺乏知识和技巧，经常打着"爱"的旗号对孩子施"爱"，而孩子感受到的并不是成人的"爱"，而是责难、羞辱、不平等和痛苦……所以说，孩子的不良行为源于大人的不良行为，当大人改变自己的不良行为时，孩子的不良行为往往也会随之改变。

生活中，很多家长仅仅爱"听话"的孩子，爱"小时候"的孩子，当孩子长大以后，有了独立思考的能力，一些父母就难于给孩子无条件的"爱"。有的父母开始采取各种办法改造、说服孩子，达不到说服的目的就讨厌、反感、压制，甚至轰走孩子，孩子的内心很难感受到家长无条件的爱。

一个真正充满爱的家长，一定有把爱的信息传递给孩子的技巧。孩子能感受到来自家长的爱，能够得到家长积极的反馈，就会体验到更多的温暖，而不会浪费更多的精力试探大人是否接纳自己，从而能全身心地投入自身成长。反之，孩子就会挖空心思通过错误观念和错误行为来寻找安全感、归属感，获得家长的认可和关注。

家长一定要记住给孩子温柔而坚定的无条件的爱和自由，这才是让孩子健康成长的底色。家长要确保把爱的信息传递给孩子。家长对孩子温柔坚定的爱，意味着尊重孩子，和孩子地位平等，是一种明智审慎的给予和不予，既坚持原则又共情；给孩子自由意味着与孩子彼此独立、分离、不相互干涉。只有这样，孩子才能感到自己有价值、值得被爱，从而产生自我价值感、安全感和归属感。只有给孩子温柔坚定的无条件的爱和自由，孩子长大后，才能与社会和平相处，坦然接受所处的环境及自己与他人的差异。

无条件的爱是什么？法国儿童作家阿斯特丽德·戴斯博尔德通过绘本《妈妈，你会永远爱我吗？》告诉了我们答案。

睡觉时间到了。

妈妈亲了亲阿奇，说："宝贝，晚安！"

阿奇问妈妈："妈妈，你会永远这么爱我吗？"

妈妈说："嗯，这样吧，妈妈告诉你一个秘密……"

从你出生那一刻起，妈妈就爱上你了。

甚至比那还要早。

你看得见我的爱时，我爱你。

你看不见我的爱时，我也爱你。

你模仿我时，我爱你。

你做自己时，我也爱你。

你帅气健康时，我爱你。

你生病时变丑时,我爱你。
你像个大人一样自己走路时,我爱你。
你不想走骑在我的肩上时,我也爱你。
你撒娇时,我爱你。
你耍赖时,我也爱你。
你成功时,我爱你。
你失败时,我也爱你。
你想着我时,我爱你。
你想不起我时,我也爱你。
我想着你时,我爱你。
我想不起你时,我也爱你。
你勇敢"战斗"时,我爱你。
你吓得"逃跑"时,我也爱你。
你闻着香喷喷时,我爱你。
你玩得脏兮兮时,我也爱你。
你活泼好动时,我爱你。
你安静读书时,我也爱你。
你听我讲故事时,我爱你。
你给我讲故事时,我也爱你。
你乖巧懂事时,我爱你。
你调皮捣蛋时,我也爱你。
你和妈妈在一起时,我爱你。
你和爸爸在一起时,我也爱你。

我爱你，因为你是我的宝贝。

虽然你终将长大离开我。

好了，你看，

这就是妈妈的秘密。

我每一天都爱着你。

永远爱着你。

绘本告诉我们，在现实生活里无条件的爱是孩子考得不好，你没有失望，并且关心孩子的心情，鼓励孩子把没有学会的学会；无条件的爱是孩子在众人面前犯错，你不会责怪他，认为他丢人，而是接纳犯错的他，然后告诉他要承担责任；无条件的爱是孩子撒谎，你没有羞辱他，而是让他知道，犯错并不可怕，比撒谎更好的解决办法是勇敢承担责任；无条件的爱是孩子屡教不改，你并没有勃然大怒，而是和孩子一起讨论犯错的原因；无条件的爱是孩子打扰了别人，你没有在别人面前把孩子打一顿，而是鼓励他去道歉，带他学习正确的行为方式；无条件的爱是孩子没有达到你的期待，你没有失望，而是认识到孩子有自己的成长节奏，孩子也想做好，只是暂时还缺时间、缺方法、缺实践；无条件的爱是孩子失败了，你没有数落他没有用，而是陪着他，不轻易放弃，直到他取得成功；无条件的爱是尽管孩子看起来有点儿胆小、懦弱、无能、自私，你也不会轻易给孩子贴上标签，而是允许孩子不完美，并关心他遇到了什么困难，思想哪里出现了偏差；无条件的爱是你不会拿自己的孩子和别的孩子比较，而是尊重孩子的个性，顺势而为，静待花开；无条件的爱是哪怕考了倒数第一，学校的老师都放弃了他，同学也孤立他，你依然懂得欣赏他，并陪伴他，支持他成为最好的自己。

总之，无条件的爱是孩子失意时家长的理解和接纳，是家长全力尊重与支持孩子的兴趣和爱好，是犯错时家长的安慰与包容，是家长无条件地信任孩子，是和孩子一起成长、进步，是比起成绩和名次更在乎孩子的平安、幸福和快乐，是和孩子站在一起打败问题的同盟军。正如美国著名心理学家克劳德和汤森博士说的那样，无条件的爱是孩子的反对意见和不当行为不会导致父母收走爱。爱孩子的种种不完美，让孩子感受到即使与父母发生冲突时，内心深处还是坚信自己是受到父母的珍视，这种信息比任何物质的价值都珍贵。其实，大人要做到无条件地爱孩子很难，其原因不在于孩子，而在于大人没有办法无条件地爱自己。

无条件的爱才是真爱，真爱是教育的终极答案。

9　真爱孩子

毫无疑问，每位家长都非常爱孩子，家长可以把最好的东西给孩子，甚至可以把性命给孩子。但有些家长的行为却让孩子感受不到真爱。如果家长仅仅把自己认为的爱强加给孩子，而孩子没有感受到，那这并不是真爱，而是家长对孩子的"精神控制""精神奴役""温柔虐待""爱的绑架"，它们主要有以下表现形式：

有条件的爱：孩子不听话家长就不喜欢孩子，只有孩子满足一定条件才喜欢孩子。

不负责任的爱：糊涂的爱，娇纵孩子，再苦不能苦孩子，再亏不能亏孩子，舍不得用孩子，家长为孩子代劳一切。

依赖性的爱：孩子就是家长的命，孩子就是家长的精神寄托，家长依靠孩子而活。

永远无法满足的爱：家长看不见孩子的努力，看不见孩子的闪光点，只看见孩子的缺点，要求孩子一直处于完美状态中，稍不符合自己的标准便提醒孩子改正。

牺牲者讨债的爱：整天给孩子灌输"偿还债务"的思想，教育孩子，养他们这么大，他们要感恩，长大要孝顺。

如果我们有上述行为，那么对孩子的爱就有点儿变形了，对孩子的爱就不是真爱。为什么我们不能真正地爱孩子？根本原因是家长不能真正地爱自己，家长不自信。能够给予他人财物帮助的人常常具备一定的经济能力，如果自己手里没有积蓄，那也就无法给予别人经济支持，真爱也是如此。家长如果没有爱自己的能力，就无法真正地爱孩子，所以真正地爱孩子的前提是家长要真正地爱自己，要努力把自己变成一位心灵的富裕者，只有这样，才能给予孩子真正的爱。

真爱不仅仅是自己的一种感受，还是一种让受爱者感受到的真爱的行为。对孩子来说，真爱不仅是家长金钱的给予，更多的是家长精力和时间的付出。真爱是理性的，讲究方法和艺术，是一种高级的劳作和付出，需要人不断去学习。真爱是人生获得真实乐观的唯一途径，有助于人的精神与情感的成长，也有助于个体责任感的成长。总之，真爱是关注，是倾听，是独立，是成长，是执我的理性行为。真爱孩子的父母能够花更多时间和精力陪伴孩子，做自己孩子的教育专家，把爱渗透在生活中的每一件看似不经意的小事当中，面对孩子的要求时，明智审慎地选择给予和不予。

记得在儿子两岁时，我们坐公交车去公园。刚到车站，有一辆车正好进站，我准备抱着他上车，儿子大哭起来，说："车上人多，不想坐这一辆。"师傅催促我上车，我便向师傅摆摆手，等下一辆。此时，我认真倾听孩子、理解孩子、尊重孩子的选择，甘愿花时间陪伴孩子，孩子也能感受到我对他的尊重。生儿育女是父母的自由选择，养育孩子是父母应尽的职责。陪孩子共同走过一段段温暖岁月，成为孩子人生旅途中的好战友、好闺密，激励孩子成为更好的自己，这才是真爱孩子。

教育好孩子的前提是，
变"我执"为"执我"。

赢得孩子

10　称职的父母会用爱给孩子打造一身铠甲

前几天，我在小区看到这样一幕场景：邻居家小男孩在小区游乐场和几个同龄人正玩得开心，突然被一个大孩子推倒，大孩子还不停地叫喊着"不准你玩这个"。吵闹声一下子吸引了在旁边围着聊天的大人们的注意，只见邻居匆忙地跑过去，扶起儿子，拍了拍他身上的灰，笑呵呵地说："没事没事，哥哥不是故意的。"推人的小孩妈妈一脸歉意，不停道歉，邻居"安慰"对方："没关系的，小孩子玩闹嘛，反正也没受伤。来来来，继续玩。"

简单的两三句话，便很快化解了这场冲突。

孩子们继续进行游戏，大人们继续在一旁聊天，那个受欺负、被人推倒的孩子，愣愣地站在原地。他泛红的眼睛，紧抿着的嘴巴，让人无比心疼。可惜，妈妈完全忽略了他的心情，更看不到他快要哭出来的样子。在成人看来，刚刚的冲突不过是一件小事，无须在意，而对孩子而言，他并没有学会如何应对突如其来的冲突，父母嘴里的"没关系"，带来的是被别人欺负后的屈辱感，被父母忽略后的失落感。表面上看，父母好似教会了孩子原谅，但实际上，却让孩子失去了勇敢的底气。

第五章 良好的亲子关系价值千万

苏联教育家苏霍姆林斯基说,要像对待荷叶上的露珠一样,小心翼翼地保护孩子幼小的心灵。孩子之间的冲撞有时没有对错,但父母的反应却能影响孩子的一生。当孩子被欺负时,正是他最需要爱的时候,成人的一句"没关系",就像一盆冷水,浇灭了孩子的期待和渴望,也刺痛了他的心。

千万别小看孩子每一次的"不如意""小伤害",只有孩子最清楚自己遭遇不公待遇后的痛苦和绝望。作为父母,一定要站在他的角度,关心他的心情,重视他每一件"有关系"的小事,给予孩子足够的尊重和爱护,这样孩子才能拥有立足现在、不惧未来的勇气。

成为一位给孩子力量的好家长。

赢得孩子

11　你会倾听吗

　　有人说教育孩子是一场不断升级的战争,既然是战争,那么在解决战争的过程中就会有输赢,而不是双赢,这是我们最不希望看到的结果。教育孩子的目的是赢得孩子,不是赢了孩子。如果父母能认真倾听孩子,认真对待孩子的需求,就能解决与孩子之间的冲突。引导孩子时,学会倾听孩子至关重要,但有时因为家长不会倾听,常阻碍了与孩子之间的正常交流。

　　有的家长选择性倾听,只愿意听自己想听的部分;有的家长"假听",虽然问孩子的意见,却并不听取,早在孩子回答之前,已经替孩子做了决定。也许家长会说,孩子还小,根本不知道对错;或者担心什么事情都征求孩子的意见,都由着他来,这样以后不好管教孩子。明明孩子说了真心话,家长却堵上耳朵拒绝收听,这样的亲子沟通,在5年后、10年后会导致什么结果呢?

　　想象一下,一个很好的朋友背叛、拒绝了你,你伤心、绝望,和另一个朋友说了此事,如果朋友做出如下回答:

　　"你真笨,咎由自取,我早就和你说过!"(向后看)

　　"不幸可以让你变得更坚强!"(不是同情)

第五章 良好的亲子关系价值千万

"没有事儿,想开点儿!"(不是同情)

听完朋友的回答后,你会感觉到没有一个人真正帮你;你的问题好像对朋友无关紧要,朋友好像在取笑你,这些回答没有让你有继续说下去的念头。同样,回想一下孩子在遇到困难时家长的谈话内容:

"我早就告诉过你。"

"你不用伤心。"

"这没有什么。"

"我相信你能行。"

…………

如此的沟通内容,孩子能感觉到你在帮助他吗?你真正理解他吗?你真正对待他的问题了吗?这种沟通之所以存在困难,我觉得本质上是因为大家很难承认孩子是一个真正独立的个体,没有意识到孩子的想法和意愿真的跟大人完全不同。

当很好的朋友背叛你时,如果另一个朋友这样对你说,你又有什么感觉呢?

"你好像受了很大的伤害。"

"他这人怎么这样呢?"

"你下一步想怎么样呢?"

你很可能会感受到朋友对你的理解,因为他对你产生了共情。当你太着急教育孩子,把沟通的渠道堵上的时候,你就会一次次错过听孩子说的机会。趁孩子毫无保留地对你说真心话的时候,让亲子沟通的道路保持畅通吧!等到这条路被堵死,你费再大力气也没有用。所以，当发现孩子不听话、不服管，生气的话即将脱口而出的时候，家长应先蹲下来抱一抱孩子，听听他想给你说什么。把孩子说的话倾听 90% 以上，重复他的话，使他能够寻求认同感、一致性。让孩子把话说完，在孩子说话时不建议、不批判、不转移话题，孩子往往通过讲述和思考，自己就能找到解决问题的出路，同时感觉自己被家长理解（更多的时候孩子需要的是家长的理解）、被认真对待。倾听才是对孩子的尊重。当孩子激动，很想弄清楚自己的感情或某种情况时，是没有准备听教训、理由或建议的，很多时候孩子是想通过对问题的讲述厘清思路，找到解决问题的方法。

　　父母的嘴巴，决定了孩子前行的路，有效沟通是解决问题的最好方法。那些留神倾听孩子说话的父母，他们的观点和想法在孩子心里才是有价值的，才能受到孩子的重视，这样的重视会带给孩子自尊，孩子才能更好地对待身边的人和事。

> 孩子在感到你在认真倾听之后，
> 才愿意听取你的建议。

12　爱从倾听开始

我们往往认为自己会倾听,然而很多人,不论是大人还是孩子——大都没有真正做到倾听。

爱和教育孩子应从关注和倾听孩子开始。孩子的表演和表达有家长看、有家长听,受到了家长的关注,孩子就容易获得成长与进步。家庭中孩子是演员,家长是观众,家长只有多关注和倾听孩子,孩子才能健康成长。生活中,父母每天都能抽出时间看手机、刷视频,却忽略了对孩子的关注。为什么?一是家长太过于专注自己的感受和想法,二是家长对孩子的话不感兴趣。

对于父母来说,没有什么比孩子在听他们说话时三心二意更恼火的了,所以要教会孩子倾听,也要去倾听孩子。会倾听可以获取完整的信息,去了解别人,从而避免得出错误的结论。倾听是一门艺术,有技巧,需要训练。一是父母在生活中做好榜样,夫妻之间要学会相互倾听;同理,如果孩子说话时家长真正做到了倾听,家长说话时孩子也会认真倾听。二是多训练自己和孩子的倾听能力,他人说话时不插话,设身处地地为对方着想。学会倾听的目的是和孩子一起打败困难。

赢得孩子

爱孩子、教育孩子，必须从倾听开始。

赢了游戏，输了孩子。

13 孩子失败了，能批评他吗

试想一下，如果孩子考试成绩不理想，家长首先做的就是批评孩子："真笨，怎么又是这么差，天天看电视，天天玩游戏，天天去玩……"家长的批评对孩子有什么影响？孩子能从中学到什么？孩子看到家长很生气、很绝望，会感觉自己很无能，在学习方面，会变得更没有自信心和方法。家长所做的一切的初衷是爱孩子，而此时的孩子一定感受不到家长的爱。所以，家长的这种负面评价是对孩子起不了作用的，无非是裹着爱的外衣贬低孩子。爱与不爱，是接受者说了算，不是施爱者说了算。

如果家长经常给犯错的孩子贴上愚蠢、无能、坏蛋、没出息、木头人这些负面标签，孩子接收到的信息就会是自己无能或者自己是坏蛋，孩子就会害怕做得不够完美，不敢再冒风险，成为一个讨好者，以牺牲自尊为代价去取悦大人，这些负面标签并不能鼓励孩子发展有价值的人生技能。

孩子犯错时正是内心最无助的时候，他们能认识到自己的错误，此时需要的是成人的关心和共情，而不是贬低。孩子表现不好，成人应该共情孩子，才能得到孩子的认可，孩子才有可能接受家长的建议。家长在说话时可以尝试着运用这些语言："你成绩不理想，一定很难过吧，我也很难过。""你今天不是很顺利。""有人让你不高兴了。""你遇到不开心的事儿了。"尽量用陈述句传达共情，和他一起想办法解决问题，而不是对他说必须怎么做（让他说怎么做，比家长对他说怎么做更有意义）。具体步骤有四个：一是表达对孩子感受的理解；二是与孩子共情，拉近与孩子的关系；三是告诉孩子你的感受；四是让孩子专注于解决问题，找出解决问题的方法或者参考家长的建议。

孩子在上高三的时候，再有一个月就要高考了，老师要求我到学校，我接到电话的第一反应是生气。去学校的路上，我的心情慢慢平静下来，我想了一下和老师的谈话思路。见到老师和孩子以后，我先跟老师打了声招呼："老师，真的不好意思，又给您添麻烦了，孩子又犯错了，又惹麻烦了。"然后，面向孩子说："孩子，你知道吗？爸爸接到老师的电话，第一时间就从单位赶过来了，因为爸爸不知道你在学校发生了什么事儿，我第一时间很担心你，很在意你，怕你有什么事儿。"我表达对孩子无条件的爱，然后问："到底发生了什么事儿？如果是我们的错误，咱就跟老师道歉，把情况说清楚；如果被别人误会了，不是咱的问题，那我们就把这件事的来龙去脉好好给老师说清楚。一个人犯错不可怕，怕的是不敢承认错误，不敢面对错误，不敢改正错误。来，当着爸爸的面，给老师讲一讲。"孩子听后，瞬间泪崩。

有本杂志写了一个有关家教的案例：在初中二年级的一次考试中，有两位女学生前后相邻，后面的女学生要抄前面女学生的试卷，一直用脚踢前面女学生的凳子，前面女学生不理会。紧接着，后面女学生就把前面女学生的卷子抢了过来，前面女学生不得已，转身去拿自己的试卷。此时，监考老师看见了，不由分说，批评了前面的女学生一通，并要求她请家长。前面女学生的家长到校后，不容分说也批评了这位女学生一通。女学生觉得冤枉，纵身跳楼，家长后悔不已。

对于我们家长来说，让孩子学习知识重要，提升孩子的抗压能力、社会交往能力和内在品格也非常重要。在孩子的成长过程中，最主要的是自信，自信产生于不断尝试对不良环境的摆脱。我们应该培养孩子能自己填补空虚、忍受短期的失望，能在失败中激励自己，为了长期利益而放弃眼前利益、承担责任、富有同情心的能力，但这些品格和能力不是生来俱有的，而是在家长、老师的帮助下获得的。

但是，到现在为止，大部分家长认为，孩子必须以接受责备、羞辱或痛苦的形式为其不良行为付出代价，让孩子为自己的所作所为感到责难、羞辱和痛苦，比让他们作出弥补和激励他们停止不良行为更为重要。我们可以闭上眼睛想一想，回忆自己的童年时代，回想一件自己遭遇挫败、被不公平对待的事，然后，再回忆一件能感受到鼓舞的事。当你作为一个孩子，感受到他人对自己的鼓励时，你才觉得被人理解、欣赏，这些体验会激励你做得更好，追求更有价值的技能或目标。孩子所经历的受到鼓励的体验，很可能仅仅来自一个大人表示欣赏和认可的几个字而已。

父母千万不要轻易发怒，要知道，无论什么埋由都不是自己情

赢得孩子

绪失控的借口,不要拿孩子出气。如果孩子是你的出气口,孩子的出气口又在哪里呢?

> 家长在情绪上永远和孩子站在一起,在道理上和老师站在一起,团结孩子,鼓励孩子直面问题,最终解决问题。

14　不要体罚孩子

我一直在想，为什么伤害动物叫虐待，伤害成年人叫殴打，而伤害孩子却叫作管教呢？

正面教育最有利于孩子的成长，所以任何时候都不应该对孩子动手。如果你打了孩子，他们从中学到的唯一道理就是有权力的人可以为所欲为。打孩子可以很轻松地消除孩子的内疚感，孩子可能会因此变得滥用权力或者模仿你的方式去获得权力，从这个角度看，打孩子就是教唆他们使用暴力，而受害的对象有可能是他们的兄弟姐妹、宠物或者朋友。经常被打的这些孩子可能为了自我保护自然而然地与有类似经历的人走到一起，甚至可能会为了寻找家庭的温暖和弥补情感上的空虚而加入帮派团伙。

孩子在被打的时候，大脑会为了自我保护而暂时停止与外界沟通，导致孩子在精神上抗拒一切，因此孩子不太可能得到任何教训。美国心理学家马丁·泰切尔博士指出："我们发现，在大脑发育的早期遭受过忽略和压力的动物在成年后更容易恐惧、焦虑和紧张。我们认为人类也是如此。"

父母通常是出于愤怒而打孩子，暴力为他们提供了发泄失望和愤怒的渠道，而且误以为除此之外没有任何方法可以纠正孩子的错误行为。你回顾一下自己的童年，是否还记得自己被打时的感受呢？毫无疑问，当时的你一定感到既羞辱又无助，你很可能只是因为害怕挨打才停止某些行为。如果你的父母允许你在被揍一顿和坐下来谈一谈之间作一个选择，你将如何选择呢？肯定不会选择被打一顿吧。给孩子一个机会，终止这种暴力教育的恶性循环吧！

家长可以尝试以和平方式来引导孩子，只关注于解决问题，寻求解决问题的方法。先弄清楚自己的心结在哪里，以确保自己不会趁机把怒气和烦躁情绪发泄到孩子身上。如果发现自己火气太大，无法冷静地教育孩子，就先找个地方积极暂停，给心情降降温，然后再处理问题。

在孩子的婴儿阶段，家长就应该引导孩子适当地约束自己的言行，经常和孩子沟通彼此的想法和感受，讨论你们目睹某件事情的感受，关注并包容孩子的感受，孩子长大后就会受益。

在管教孩子的过程中，家长唯一需要做的就是努力成为自己心目中最理想的那一类父母，发自己的光，顺便照亮孩子。家长在能自我成长、自我教育时，才会规范自己的行为，思想才会不断成熟，孩子生活在这样的环境里，成长历程一定会顺利得多。

教育的目的是激励孩子做得更好。

第六章

有和孩子划清界限的勇气

《牵牛花》

1　孩子考试好了，应该被表扬吗

　　学习的事情基本上应该由孩子独立解决，孩子并不是为了父母而学习，考了好成绩也不能被表扬。如果总是被表扬，孩子长大后则会成为一个讨好者，仅仅为了得到表扬而做事，看到周围没有表扬他们的人，就不好好做事。

　　孩子不好好学习、成绩差，也只能由孩子来承担后果，家长最好不要横加干涉。如果家长对孩子的课题横加干涉，一是会破坏彼此之间的关系，导致孩子到了真正需要家长帮助的时候，却不开口；二是父母对孩子的课题指手画脚，孩子一旦有了不想上学的问题，往往会把责任转嫁给父母。其实父母的干预很多时候是借着爱的名义来支配孩子（如常说"都是为你好"）。

　　如果孩子考试不好，可以试着问孩子"你还有没有什么能做的呢？"之类的话。

　　最后我们一起来回忆一下著名哲人哈里尔·纪伯伦的诗《论孩子》，来看一下课题分离：

　　你们的孩子并不是你们的，

　　而是"生命"对自身的渴望所生的儿女。

第六章 有和孩子划清界限的勇气

他们借你们来到世上，却并非来自你们，

他们虽与你们一起生活，却并不属于你们。

你们可把爱给予他们，却不能给予他们思想。

因为他们有自己的思想。

你们能够庇护他们的身体，却不能庇护他们的灵魂。

因为他们的灵魂居于明日的华屋，那是你们无法相见的，即使在梦中。

你们可以努力以求像他们，但不要试图让他们像你们。

因为生命不能退步，它不可能滞留在昨天。

你们是弓，你们的孩子则是从你们的弓弦上射出的箭矢。

射手看见竖立在无尽头路上的目标，

他会用自己的神力将你们的弓引满，以便让他的箭矢快速射至最远。

就让你们的弓在射手的手中甘愿曲弯，

因为他既爱那飞快的箭，也爱那静止的弓。

让我们与孩子适当拉开一些距离，少一些相互的依附，多一些彼此的独立吧。如此，亲子双方都会多一些成熟，我们的生活也会多一些快乐。

有了独立的父母，才有独立的儿女。

2 为什么不表扬孩子

儿童天生就具有强烈的学习欲望,他们的内心本就蕴含着诚实、怜悯和体贴的品质。这些品质要靠我们的引导、示范和鼓励才会呈现出来。而表扬"良好行为"或"良好表现",只会成为孩子成长道路上的"拦路虎"。

表扬是一种能力强的人对能力相对弱的人所做的自上而下的评价,表扬意味着地位的不平等。表扬本身就存在着问题。一方面,可能导致孩子仅仅为了表扬而做事,如果得不到表扬,他们就不好好做事。一旦孩子习惯了接受表扬,便总是试图取悦别人或者获得外在的肯定,将会丧失自发性,过度依赖别人,一旦无法从别人那里感觉到自身的价值,就会产生失败感,就会丧失对其他事物的真正兴趣。如,孩子在走廊里发现了垃圾,捡起来之前要确认周围有没有表扬自己的人,如果没有,就不去捡垃圾。另一方面,孩子为了得到表扬而故意做简单的事情。以低年级孩子为研究对象的一位教育者做了一个实验,他们选取了10位学生做数学题,如果仅表扬孩子的做题结果:"你真棒,全部做对了。"那么,下一次孩子为了得到表扬就会找些简单的题去做,而不去努力攻克难题。又如,在公共场所，如果丈夫安安静静地坐着，被妻子表扬说"真了不起"，丈夫一定不开心，会感觉到妻子小瞧他。

那么，当孩子有良好的行为时，我们应该怎么做呢？注意到孩子的良好行为之后，家长可以把内心的感受说出来，如"地面又干净了""谢谢你这么安静""能够和你一起坐公交车真开心"，让孩子感觉到自己对他人的贡献，感觉到自己是一个有价值的人。能感受到自我价值，孩子内心就会产生自尊（不是他尊），慢慢地变得自信、自立，便不会取悦别人或者获得外在的肯定。

我们大多数人都是在成人的表扬下长大的，爱表扬孩子的习惯根深蒂固。表扬的确可以让孩子暂时变好，但次数多了会导致孩子成为大众的取悦者和追求别人认可的人，而我们则希望他们成为能够自我激励、走自己的路、追求自己的理想的人。所以不要去表扬孩子，而要多去欣赏、鼓励孩子，这样你和孩子的亲子关系才会更和谐。

> 积极自主学习是人的高级本能，成人除了示范、鼓励、协助、唤醒之外，其他都是多余的动作。

3　赢了孩子还是赢得孩子

在大人眼里，孩子经验不足，总是让人不放心，所以，大人总是忍不住批评指正孩子的行为。其实家长唯一需要掌握的教育艺术是暂时放下无所不知的架子，在没被孩子邀请的情况下不擅自介入孩子的课题。如，孩子在看电视，父母看见后就想说："快去学习！"如果孩子不知道自己看电视的意义，那他就可能老老实实地按照父母的话去做。孩子如果知道自己正在做的事情的意义，父母不停地唠叨，他们原本打算去学习的积极性反而会大大减弱。父母的话越有道理，孩子越不愿意听，因为他们认为这样就等于输给了父母。此时的批评就像拍皮球一样，你越批评，孩子越反抗。如此一来，父母的唠叨反而催生了孩子不学习的决心，反倒害了孩子。这都归因于家长没有与孩子建立良好的亲子关系，只有构建良好的亲子关系，孩子才会愉快地接受父母的建议。

在没有建立起良好的亲子关系的前提下，家长讲的道理只是家长的道理，而孩子有自己的道理。你跟孩子说："一定要上大学，不上大学就没有前途。"孩子这时候一定会找出反例，他可能会想："不会啊，隔壁王叔叔也没上大学，但现在也很成功啊。"人就是这样，针对一个问题争论时，往往各有各的道理。所以说，当我们试图用讲道理的方式说服孩子时，如果这个道理超出了孩子的认知范围，那无论如何也打动不了他。对孩子而言，被家长说服，就相当于被家长打败，没有人喜欢被打败。消极的孩子会通过"不顺从"来发起权力争斗，无论再怎么被严厉训斥，依然拒绝学习知识或者技能，坚决无视大人的话。其实，他们并非不想学习或者认为学习没必要，只是想通过坚决不顺从来证明自己的"力量"，要赢了家长。

心理学中有一个观点，每一个叛逆的孩子背后，都有一个思想不成熟的家长，积极的亲子关系，应该是共同成长，而不是充满高压和反抗。明智的父母，更愿意放低姿态，给孩子自由和空间，引导孩子不断向上成长。

做自己孩子的专家，读懂孩子这本说明书。

4　家长在不知不觉中娇纵孩子

许多家长认为，好的父母应该保护孩子免遭任何挫折和失望，因此，他们会帮助孩子解决遇到的一切困难或过度保护孩子，阻止孩子犯错，尽量避免孩子失败，其实，这是娇纵孩子的表现。家长不相信孩子，不尊重孩子，阻止孩子犯错，其实等于介入本应由孩子去面对的课题。生活中，家长应该在安全前提下放手去锻炼孩子。德雷克斯常说："不要替孩子做任何他自己能做的事情。"其原因就在于，如果我们替孩子做得太多，就剥夺了他们通过自己的体验来形成自我责任感和价值感的权利。

责任感和价值感不可以传授，只能从自己的内心产生。父母帮助孩子解决遇到的一切困难，过度保护孩子，会剥夺孩子的责任感和价值感发展的机会。还有个别父母因为图省事，常常忽视培养孩子的动手能力，剥夺了孩子培养自我价值感和自信心的权利，无法让孩子学习人生技能，无法让孩子体验到社会责任感，孩子会因此认为自己是弱者，需要别人的照顾，或者认为理应享受特别的服侍。父母对孩子控制过多或太娇纵孩子，便无法培养孩子的责任感，等孩子长大后，父母又埋怨孩子没有责任感，而不知根源则在于自己没有充分锻炼孩子。

孩子的责任感只有在父母温柔而坚定的爱中，在有尊严、受尊重的氛围中，在多学习有价值的人生技能时，才能逐渐形成。

> 没有被邀请，坚决不越界。

5　孩子不学习怎么办

从孩子上幼儿园开始,父母就应该明确学习完全是孩子自己的事,不去监督和检查孩子的作业,不干涉孩子的课题,这样做会给家庭带来很多乐趣,避免很多苦恼,除非孩子要求父母参与他的课题。

首先,努力构建平等和谐的亲子关系。培养良好的亲子关系的前提是倾听,善于倾听的父母能够做到让孩子把话讲完,并做出积极回应。没有被孩子邀请,父母尽量不介入,让孩子感受到尊重[尊重的英文是"respect(重新审视)"],孩子才能感受到平等,从而感受到父母无条件的爱(反之,孩子会通过不学习,故意制造各种麻烦的错误行为来获得父母的关注和爱),最终建立良好的亲子关系。有了良好的亲子关系,孩子才能愉快地接受父母的建议。许多有学习能力的孩子学习成绩之所以落后,就是因为他们的父母没有把亲子关系建立好,他们常无意识地抵触父母的期望。孩子想长大,想变得成熟,需要有独立的感觉,需要摆脱家长的束缚。如果父母只关注孩子的成绩,即使孩子有能力学习好,也会为了赢了父母、获得独立感,通过考取低分数的反叛方式让父母失望。因此,对个性和独特的追求可能会使孩子不顾父母的压力和惩罚，走向失败。就如孩子所说："他们能够拿走电视、手机，取消我的零花钱，但是他们无法抹掉我不理想的成绩。"所以，家长要与孩子构建和谐的亲子关系，给孩子自由。

其次，温柔而坚定的课题分离。学习是孩子自己的课题，孩子学习好坏父母都不要参与其中。如果父母干涉孩子的课题，孩子就可能把学习当作武器，来惩罚、勒索、利用父母。学习好了，家长表扬孩子；学习差了，家长批评孩子，这两方面都表现出了与孩子地位的不平等。那些认为孩子不如自己、小瞧孩子的父母，即使告诉孩子要好好学习，孩子也听不进去。父母如果认为教导孩子学习是一种责任的话，那么唯一能做的事情就是想办法激发孩子的学习兴趣。

最后，不忘初心。不忘初心是一种能力，父母一定要经常反思自己的初心和使命。孩子出生前，我们发誓一定要努力地与孩子友好相处，尊重孩子；孩子生病时，我们希望孩子恢复平日里生龙活虎的样子；一旦孩子恢复元气，我们就忘了初心，把我们自己的希望、自己的幸福观强加给孩子，家里经常上演不写作业母慈子孝，一写作业鸡飞狗跳的闹剧。

孩子每天平安无事地生活就已经很可贵了，无论孩子做什么、说什么，在他们求助我们的前提下，帮助孩子成为他自己，不正是我们的教育目标吗？如果没有收到孩子的求助，父母绝对不能妄自采取行动，几乎所有人际关系上的麻烦都始于对别人课题的干涉。

缺乏自信的父母难以培养出自信心强的孩子。

6 信赖孩子

在大多数家长和老师的观念当中，孩子不具备独立学习的能力，是不可信赖的。学习原本是一件需要孩子独立完成的事情，随着父母的干预，陪伴孩子学习成了父母长期的工作。当孩子养成只有在父母的监督下才能好好学习的习惯时，孩子的自信心和创造性就不复存在。

为什么父母会干涉孩子的学习呢？一言以蔽之，是因为他们不相信孩子自己能学习，认为如果不监督，孩子就不会学习。想一想，我们刚入职时的经历：开始我们不熟悉，不知道领导的要求，慢慢地，我们会按照领导的指示做，发觉自己适应了单位的工作风格，随着不断取得的成功，我们的自信心会大大增加；反之，如果我们犯了第一个错误就受到领导的批评和指责，他人坐在我们旁边，盯着我们工作，不断地提醒我们，我们会是什么反应，恐怕我们会认为自己是无能的，没有一点点自信心。

为什么对于家长来说，放手让孩子在自己的能力范围内独自成长，就这么困难呢？就像你对家人说明天开始减肥，如果家人或朋友回应说这种话已经听腻了，这时你一定很生气，即使心中想着是失败的结果，也不愿意听到别人不信赖自己的话。这时候，如果有人信赖自己，那我们就会非常喜欢他。同理，当孩子说要好好学习的时候，如果父母能真正信赖孩子，孩子也一定不会辜负父母的信赖。孩子对父母的信赖程度取决于父母自己的自信心和自我价值感的强弱。自信的父母能够把困难看作自己需要迎接的挑战，能从容地对待失败，并把这种观点传达给自己的孩子，会深信孩子能做得更好，不会因孩子失败而灰心丧气。权利和自立会让孩子感到自信满满。如果我们能坚持给予孩子适当的决策权的话，他们会感到更有尊严，更有可能做出正确的选择。

所以，要信赖孩子。一是相信孩子能够独立解决自己的课题，家长不能不经请求就横加干涉，导致彼此之间产生不信任感和矛盾；二是不因为孩子学习不好而一味批评孩子，否则，孩子就会继续以不好好学习的方式引起父母的关注。

对孩子来说，学习是无法回避的人生课题。父母必须帮助孩子树立信心，一个在其他方面没有自信的孩子不可能唯独在学习方面有自信。电影《雄狮少年》中的主人公，原来一直被同伴嘲笑为"病猫"。他爱好舞狮，经过认真训练，取得了越来越好的成绩，对自己的人生越来越自信，感觉自己是一个有尊严、值得被爱的人，慢慢由一只"病猫"转变成一头雄狮。所以，如果孩子不好好学习，家长和老师可以培养孩子的课外兴趣，慢慢帮孩子找回自信。

一个在其他方面没有自信的孩子不可能唯独在学习方面有自信。

7　课题分离

课题最终要由谁来承担责任，便是谁的课题。一切人际关系矛盾的起因都是对别人课题的妄加干涉，或者自己的课题被别人强加干涉，我们应把自己和别人的课题分开。即使是父母、老师，也应该与孩子的课题分离，让孩子自己承担责任。

关于课题分离，陶行知先生给我们做了一个好榜样。一次，陶行知先生在讲课时，拿了一只鸡走进教室。他在讲台上撒下米粒，随后按着鸡头，强迫鸡吃米，鸡却拧着脖子坚决不从。先生扒开鸡的嘴巴，往鸡的嘴巴里塞米，鸡还是挣扎着不吃。先生松开手，只见鸡在讲台上甩甩头、抖抖身体，活动了一会儿，悠闲自得地吃起米来。这和教育孩子一样，不干涉孩子的课题，给他们充分的选择机会和发展空间，才能让孩子在做事时更加积极。

孩子总是系不好鞋带，繁忙的母亲会直接帮孩子系上，因为这比等着孩子系更快、效率更高。这其实是对孩子的一种干涉，是在剥夺孩子的课题，是家长不信赖孩子的表现。反复干涉孩子会使孩子什么也学不到，失去自信，最终失去面对人生课题的勇气。我们身边常有一些父母，总是打着"一切都是为了你好"的旗帜干涉孩子的课题。其实是满足自己的面子和虚荣心。在生活中，父母要持"把马带到水边，是否喝水那是马的课题"的态度，明白自己唯一需要帮助孩子的就是激发孩子做事的兴趣，切忌在孩子没有向你求助的时候对孩子指手画脚。

你越少表露你的看法，孩子就越能做到自己思考。

8　比起被忽视宁愿挨批评

有些孩子经常惹事或者不好好学习，其背后的原因大都是想获得父母更多的关注。批评无法改变孩子的行为，不能让孩子学到任何有用的价值观。如果孩子规规矩矩做事却得不到父母的回应，那么他们往往会通过做一些令父母头疼的事情，获得父母的关注。比起让父母觉得自己没有考出好成绩而忽视自己，他们宁愿通过被训斥、挨批评等方式来获得父母的关注。其实，只要家长多关注孩子，孩子就会有所改变。

小区中有几位邻居，由于工作忙，把老人接到城里，让老人帮忙照顾孩子。四五位老人经常围坐成一圈打牌、聊天，让孩子们自己玩。有时几个孩子一起玩，很长时间不打搅老人。偶尔当楼下只有一个孩子时，这个孩子就会觉得没有意思，不停地哭闹，老人就会批评他："怎么这么不听话，别闹了！"老人如果再不关注孩子的需求，孩子就会吃地上的小石子、尿裤子……孩子通过制造小麻烦吸引老人的关注，老人被迫停止打牌、聊天。

一位妈妈在大女儿三岁时又生了一个小宝宝，大女儿经常拉裤子，其实这种行为是为了寻求家长的关注。

通过上面的例子我们可以看出，孩子如果通过正面表现不能得到家长的关注，就会通过其他手段成为"特别的我"，但不是作为"好孩子"变得特别，而是作为"坏孩子"确保自己时刻被家长关注。好动的孩子会通过破坏社会或学校的规则来博取大人的关注，比如上课捣乱、捉弄老师，与同学纠缠不休等，他们绝不是想真正地触怒大人；内敛的孩子则通过扮演无能引起大人的关注，以获得特别的地位，比如学习能力极其低下、丢三落四、爱哭。

孩子所有的问题都不是问题，问题背后的原因才是问题。

勤于思考的父母，才能培养善于思考的孩子。

9　为什么孩子越被批评越表现不好

无论是在家庭中，还是在学校中，孩子都需要获得存在感，但是很多孩子不知道如何获得这种存在感。如果无法通过用心学习吸引父母的注意，他们就会通过故意犯错引起父母的关注，父母越批评，他们就越捣乱。孩子惹事和不学习时，非常清楚自己会被批评，但是即使清楚，他们依然会去做，目的就是获得父母更多的关注。孩子学习不好，父母就会在家中恶狠狠地批评孩子，孩子感受到了父母对他的打击，感受到了父母对他的轻视，就会继续通过捣乱来获得大人的关注。

《正面管教》的作者简·尼尔森说："居然现在还有许多人相信，在他们制造出距离和敌意而非亲密关系和信任之后，他们能够对孩子造成积极的影响。"孩子惹事或者学习不好，家长会一味批评、惩罚孩子，认为应该让孩子为自己的行为付出代价。一味批评与惩罚是为了让孩子做得更好，孩子犯错时应该先羞辱一下孩子，让孩子心情变糟，长长记性。其实，一味批评和惩罚对孩子百害而无一利，任何一个孩子都不可能会喜欢和感激一味批评自己的父母。

家长应该与孩子建立良好的亲子关系，多给孩子一些无条件的爱，多关注孩子的优点，把孩子所犯的错误当成孩子学习的机会，告诉孩子怎么做才是对的。建立良好的亲子关系，不能急于求成。当孩子情绪激动的时候，没有什么比被他们所爱的人理解和得到所爱的人的帮助更能让他们感到满足了。家长越是坚持和孩子齐心协力地完成一项项任务，或者越是想给予孩子情感引导——孩子就会越把家长当作可靠的盟友。同时，孩子会不断地观察、学习、效仿家长的行为，更好地理解和运用家长教给他们的技能。

想要孩子变好，家长做到：要什么、夸什么、快反馈。

赢得孩子

10　要用教科书，不要教教科书

成人总是把道德作为一种知识去教给孩子，这样教出的孩子，他的道德规则与个人行为是油水分离的。孩子观察力很强，每时每刻都在观察成人的一言一行。对孩子影响最大的，是家长的身体力行，而不是一味地教。"做我对你说的，而不要做我做的。"这会使每种教育尝试都失败。

什么是自尊？自尊是个人基于自我评价产生的一种自重自爱、自我尊重，并要求他人、社会尊重的情感体验。什么是自信呢？是一个人自己相信自己、相信自己有能力实现自己愿望的心理，是对自己能力的充分肯定。但是在课堂上和家庭中，老师和家长常常不给孩子尊严、信心，经常会说："怎么搞的？真笨！猪脑子！"让孩子的尊严一扫而光，把孩子的自信也全部毁掉。

某日，我在公交站牌等公交车。不一会儿，车门打开了，学生一个一个拼命往车里挤。在公交车上，有的学生看到老人站在旁边，却没有主动让座。而小学课程道德与法治中讲在公共场所大家要有秩序，尊老爱幼是我们的传统美德。

在考试时让孩子回答什么是自尊、自信，一些孩子可能回答得头头是道，内心却没有这样的观念，自尊、自信的含义对一些孩子而言仅仅适用于考试。

孩子首先看到的是成人的行为。孩子很清楚地注意到，成人怎样在电话里讲善意的谎言，怎样培育友谊，怎样遵守内心的价值观，怎样对待朋友、家人、同事、邻居，在做事时他们将会以此为范本，运用到周围的人和事物中。

今天很多人都习惯为了成功、物质而工作，最终变得贪图安逸、易受诱惑、贪巧求速……对成功、物质的过度追求使我们忘记了我们还有追求个性成熟和树立正确的价值观的任务。

教育要言行一致。

赢得孩子

11　发现孩子的闪光点

先看发生在课堂中的一个案例。

一位老师拿出一张A4纸,在纸上画一个小黑点,问学生:"你们看到了什么?"这是前联合国秘书长安南小时候被问到的一个问题。

当时他和班中所有同学都回答:"看到了黑点。"

老师摇了摇头:"黑点周围有那么大的白色的区域,你们为什么没看到呢?"

再来看发生在课堂中的另一个案例。

一位老师在黑板上写了四道题:

2+2=4;　　　　4+4=8;

8+8=16;　　　　9+9=19。

学生看了,纷纷说道:"老师,您算错了一道题。"

老师不紧不慢地抬起头来,说道:"是的,你们看得很清楚。这道题我是算错了,可是前面三道题都对了啊,为什么没有人看到那三道算正确的题,只盯着我算错的一道题呢?"

你对待自己的孩子时,是否也发生过上面的情况呢?习惯性地关注孩子身上的"黑点",即孩子的缺点,却忽略了孩子99.99%的优点。

日常生活中,孩子如果按照成人所期盼的模样做事,成人会认为是正常的,孩子如果偏离了成人的期盼,成人会觉得是问题行为,会马上提醒他,并且会把错误扩大化。家长对孩子提醒的言语会在孩子潜意识中留下一种不好的印象。家长无意识地强化孩子错误的行为,会把孩子引向家长不期望的发展方向。如,孩子在进行单杠训练或者爬树时,家长与其对孩子说"小心,不要掉下来",不如对孩子说"抓牢,手臂用力"。前面的警告让孩子更有掉下来的危险。

为什么会出现这样的情况呢?"不要掉下来"向孩子传递了以下信息:单杠危险,人会受伤(坏的自我评价);往上爬看起来并不容易(怀疑自己);父母不相信孩子能做到(孩子自我价值感削弱),如果真掉下来,孩子将怀疑自己的能力,并更加依赖父母,因为孩子认为父母说得对。"抓牢"向孩子传递了以下信息:单杠是一种挑战(好的自我评价);如果这样做能够战胜它(学习战胜自我的方法);父母相信孩子能够办到(自豪,增强自我价值感)。

为了对孩子产生积极的影响,家长要多关注孩子的闪光点,忽视孩子的缺点,向他们投以光明,黑暗就会消失,尽量不对孩子说"不"。所以,家长要多关注孩子的优点,或者把看似是缺点的地方当作优点来看待。当家长看问题的视角改变了,孩子也会改变,事实和结果就会随之改变。

可惜许多家长已经习惯了指出孩子缺点的表达方式,要想以积极的方式对待孩子，家长需要进行刻意的训练。家长要不断地从孩子身上挖掘优点和闪光点，并鼓励孩子，孩子定能成为家长想要的模样。具体做法如下：

找一张纸，把孩子身上所有的优点全部列出来，越多越好。针对这些优点，每天找一件事情，与孩子某一个优点联结起来，鼓励孩子。比如，如果孩子的字写得实在难看，那总有某一个字好看吧，或者总有一笔横或竖写得够好吧；再比如，如果孩子经常哭闹，那总有某一个时刻是乖巧的。只要怀着不断挖掘孩子优点的心态，一定能找到孩子的优点。如果家长真心爱孩子，那就放心大胆地去寻找孩子的优点吧。这么做，孩子更容易配合家长，更会往积极的方向发展。原因如下：

一是标签效应。当一个人被贴上某种标签时，他就会作出自我印象管理，使自己的行为与所贴的标签内容相一致。儿子三岁时，有一天吃完晚饭，他主动提出刷碗。爱人对他说："岳岳，妈妈今天很欣慰，我今天什么都没说，你就把碗洗了，居然比我洗得还认真！"还在本周家庭会议上讲了这件事，并对他进行了致谢。没想到，从那以后，孩子真的变得很勤劳。随着鼓励次数的增多，孩子似乎把"勤劳"这个标签牢牢地印刻在自己身上，这就是典型的标签效应。一个人为了维护这个标签，他的行为会自觉地朝标签中的内容靠拢。

二是水管理论。我们知道，想要让水在水管里顺畅地流动，水管必须是通畅的。对家庭来说，我们跟孩子的亲子关系就是水管。亲子关系好，家长教导孩子时，孩子通常愿意听；亲子关系不好，就算家长说的是对的，孩子通常也不愿意听。孩子究竟能听进去多少家长希望孩子知道的东西，取决于孩子内心对家长教导的情感反应，取决于亲子关系。家长通过鼓励，可以极大程度上促进亲子关系的和谐。家长可以每天找一件事情鼓励孩子。有的孩子不爱学习，整天调皮捣蛋，可偶然有一天被老师鼓励了，孩子瞬间就变得懂事了。老师的一句话足以改变孩子的一生。

三是渴望被认可。我接触过许多叛逆的孩子，有殴打父母的，有诅咒父母去死的，有几个月不跟父母说话的……但无一例外，只要父母愿意坚持发自内心地欣赏孩子，用不了多长时间，这些孩子就会重归家庭，跟父母重建亲子关系。在我看来，从来就没有什么坏孩子，也没有什么叛逆的孩子，他们只想通过"与众不同"告诉全世界："我很重要，我需要被关注！"如果孩子叛逆，那么请家长真诚地鼓励他，关注他。

樊登老师认为，孩子做对事的时候，是父母塑造他行为最好的时候，而孩子做错事的时候，是父母跟孩子拉近关系最好的时候。想让孩子转变，家长就要多发现孩子的闪光点；想跟孩子拉近关系，家长就要多理解孩子。只要真心愿意为孩子付出，孩子一定可以感受到父母的温暖。

在家庭教育中，家长要善于发现孩子的闪光点，弃暗投明。

12　孩子真的不如自己吗

从孩子出生的第一天起,父母就给予了孩子很高的期望,希望他有一天能像自己一样强大。其实,孩子所拥有的才能远比我们想象的多,只不过父母不善于去发现,经常轻率地断定孩子不如自己。有一个案例比较能说明这点。

指挥家洛林·马泽尔十一岁的时候曾代替托斯卡尼尼担任NBC交响乐团的指挥。洛林·马泽尔八岁时就颇有名气了,但乐队队员看到一个小孩子站在指挥台上指挥,都不屑一顾,不快和敌意溢于言表,甚至有人故意唱跑调。但是洛林·马泽尔完整地记着总谱,能够迅速地一一指出队员的错误,这让队员刮目相看。随后,队员对他产生了敬意。

所以,不能以年龄论英雄,要平等、有礼貌地对待孩子,和孩子平等地交流。一要尊重孩子的人格。言行一致,不要说伤害孩子人格的话;表情与语言一致,肢体语言和表情语言要保持统一(如,对孩子说"谢谢"时要面带笑容,不能用恶狠狠的语气)。二要礼貌、平等地跟孩子说话。就像对待同事和领导一样,不能命令孩子。如果父母能够做到与孩子平等相处,尊重孩子,亲子关系就会和谐，父母也能从孩子身上学到很多东西。三要学会示弱。父母要放下无所不知的架子，放手让孩子自己做，这既是对孩子的尊重，又保护了孩子的自信心。

> 放手让孩子自己做，是对孩子最好的尊重。

13　如何与孩子一起轻松生活

我们先来看一个案例。

小林小时候是个漂亮、听话的小男孩，是父母的骄傲。现在他十六岁了，染着红头发，打着耳孔，穿着打补丁的牛仔裤。

自从小林这种出格的改变发生以来，父母与小林就存在极大的沟通障碍。母亲时常忧郁地看着小林儿时的照片，避免在任何地方见到小林。她一方面怀念儿子能够让她夸耀的幼时，一方面不得不去容忍现在这种状况。父亲心灰意冷，觉得把小林教育成一个健康、成功、上进的年轻人的愿望彻底落空。他不理解小林的奇怪变化，也不明白他的儿子为什么变成这样。他拒绝了小林的一切要求，他为有一个懒散、邋遢的儿子而感到丢人。有时候他苦思冥想：怎么会弄到这种地步呢？有时候他发火，带着怒气威胁小林，以为可以让他回归理智。而小林的反应却是长时间对他避而不见。总之，家庭失去了快乐，每个人回到家就像回到了地狱。小林继续走自己的路，父亲内心被深深地刺痛，特别失望。父亲常抱怨母亲没有严格教育孩子，母亲听到后，只是埋头干家务活。

许多父母不知道在与孩子产生冲突时如何和孩子沟通，特别是当他们承受着巨大的压力且不知道如何从紧张或冲突中解脱出来时，常会按照以往的经验去处理问题。当孩子的表现没有任何改观，家长会感到非常无助和悲哀。所以，如果想改善和孩子的关系，使生活轻松愉快，家长一定要抽时间探究并纠正自己错误的教育行为。

我们的教育目标是赢得孩子，要想实现这一教育目标，家长应该先迈出第一步。通过研究叛逆孩子的案例，我们不难发现，无论我们在初始阶段多么努力地阻止青春期的孩子做出错误决定，他们还是会犯错。不要和持不同价值观的孩子作无谓的斗争，家长要学会与持不同价值观的孩子和平共处，不要一味责备、教训、贬低孩子，而应该学会让步，并以先跟后带的方式激发孩子的兴趣，做好孩子的啦啦队员。只要家长放弃对孩子的控制和主动建议，有不管教孩子的勇气，为孩子树立榜样，孩子定会向家长寻求建议，就会建立平等和谐的亲子关系。所以，塑造孩子良好行为的根本保障是与孩子建立和谐的亲子关系。

我们在试图控制孩子，决定孩子以后成为什么样的人，干什么，和什么样的人交往时，就会与孩子产生没有意义的战争，而战争一定是以相互伤害和失望而告终。

哈里尔·纪伯伦在《论孩子》中写道：

你们可把爱给予他们，却不能给予他们思想。

因为他们有自己的思想。

你们能够庇护他们的身体，却不能庇护他们的灵魂。

因为他们的灵魂居于明日的华屋，那是你们无法相见的，即使在梦中。

你们可以努力以求像他们，但不要试图让他们像你们。

家长越没有偏见地对待孩子，家庭关系就会越融洽，事情的解决就会越顺利。家长可以试着通过理解不同年龄段的孩子的世界观，认真对待孩子的需求，认识和反思自己的行为，用信任孩子、尊重孩子个性的方法和孩子建立和谐的亲子关系。

> 孩子把父母作为顾问，是孩子对父母莫大的恭维。

第七章

自驱力才是家长给孩子的唯一行囊

《事事如意》

1　让孩子成长才是目的

在国家"双减"的大环境下，越来越多的家长觉得孩子有"问题"。但很多时候，"问题"并不是来自孩子，而是来自父母的贪心和焦虑。现在家庭一般有两个孩子，全家五六个大人都围绕着孩子转，十几只眼睛紧盯着孩子。如果孩子与家长理想中的模样稍有偏差，家长就会认为孩子出现"问题"了，马上纠正，压得孩子没有喘息的机会。同时，家长功利心太重，成功心太急迫，太想让孩子赢了，经常拿自己的孩子与其他孩子进行比较。孩子学习成绩好了，家长要求孩子有特长，有特长了，要求孩子会社交，打着"一切为你好"的旗号，一门心思让孩子超越身边的其他孩子。家长让孩子按照"对"的方式去成材、成功，把孩子当作实现自己理想、满足自己虚荣心的工具……

孩子只是借助于家长的身体来到这个世界上，并不是任何人的工具，没有必要按照任何人的想法发展自己，只要成为自己就已经相当了不起了。所以，家长不要"我执"，觉得自己的所作所为都是对的，孩子的所思所做都不对，认为孩子就应该按照家长设定好的路线发展。殊不知我们每个人的认识都有局限性。

在教育孩子方面，家长唯一能做的就是"执我"，管理好自己，潜移默化地去影响孩子。家长想让孩子成为什么样的人，就应该先做什么样的人。如果家长想让孩子喜欢历史，自己经常研究历史就行了；如果家长希望孩子爱上学习，自己首先得爱上学习；如果家长经常看书，孩子就会认为看书是生活的一部分；如果家长天天打麻将，那就不应该埋怨孩子沉迷游戏。所以家长要认识到，孩子身上所呈现的一切，大都是受家长的影响所致。

孩子不是家长实现自己理想的工具，他们来到世界上唯一的目的是体验自己生而为人的意义。

> 人生是用来体验的，而不是用来演绎完美的。

2　日拱一卒，功不唐捐

我们现在普遍存在拔苗助长、不让孩子输在起跑线上的思想，这种思想是人们急功近利、贪巧求速导致的。真正的教育是润物细无声的，是家庭、社会、学校对孩子的慢慢引导，是家长作为榜样，培养孩子各种能力的过程，是提升孩子自驱力的过程。每个人的人生都是一场马拉松，对于孩子人生的马拉松，家长不要着急，而要静待花开，充分给予孩子爱、希望与耐心，才合乎孩子发展的规律，符合社会良性发展的理念。一再强调孩子要赢在起跑线，却不适当地去发掘每个孩子的差异、天分，那就是鼓吹每个人用冲刺的方法去长跑，孩子即使赢在起点，也会在中途把气力和耐力用尽。如果一开始跑在前面的孩子，动力不是来自自身，而是来自社会与家庭的压力和期望，那他们就会缺少自发性，没有自驱力，无法将人生这场马拉松跑得精彩、完整。赢在起跑点的人，不一定会赢在终点。在跑马拉松时，人需要调整步伐、调匀呼吸、自我激励，不能只看重起跑点。如果只是跑一段短程，或许赢在起跑线的人很可能赢在终点。可是，人的自我成长是一场长跑。想一想我们在长跑时，能否一直保持冲刺的劲头呢？所以，我们要做睿智的父母,给孩子慢慢成长的时间,尊重孩子的成长规律。

我们可以了解一下芬兰的教育。百年前的芬兰绝对想象不到到今日教育发展的成果,在40年前进行教改时,必然预料不到今日举世艳羡的光景。面对一些成功者,人们总会不知不觉地感慨:"老天真是会疼憨人!"而真正的"憨人",必会一步一脚印、不求快、不求第一地走稳每一阶段。"憨人"的哲学,不外乎是"尽人事、听天命"罢了。一心只想着将事情做好,成功自然会来,成功的道理就是如此简单。对于个人的成长,我有四点建议,与大家共勉。

一是无用之用方为大用。在这个价值观呈现多元化的当下,我们应每天坚持把自己的身心修炼好,不功利性地摄取知识,用批判的眼光看待知识,看待世界,主动去探索、研究每一个自己认为有趣的事物,让生活变得有趣,把自己过成自己期望成为的样子。

二是终生学习。找到自己的兴趣、志向,有目标地去学习,每年制订计划,按照计划有条不紊地日拱一卒,不能骗自己、骗他人,忙忙碌碌地"混日子"。人应该跟着自己的兴趣走,对知识本身有学习的渴望。人永远会对自己愿意做的事情充满极大的热情,如果用心对待每次选择,生活大概率不会过得太差。

三是安在当下。要把手头的每一件小事做好,做到极致,不断接纳新事物、新思想,接纳不完美的自己,和这个不完美的世界愉快相处。不用太在意外界怎么看待你,有多少人喜欢你,一定会有多少人不喜欢你,所以人最重要的不是凝视"暗",而是寻找"光",要弃"暗"投"明"。每一个人都经历过人生灰暗的时刻,只要学会换一个角度看问题，就能发现不一样的世界。当你觉得人生灰暗的时候，不妨转身，你就会发现自己的背后是光。要积极接纳世界给予你的一切。

四是不给人生设限，永葆青春朝气。青春是用来奋斗的，不能给自己设限，要永葆青春梦想。人有三个年龄，心理年龄、生理年龄、社会年龄。从我们出生开始计算的年龄被称为社会年龄，也就是身份证年龄，人们常把20—40岁定义为青春；生理年龄，运动的人，50岁可以拥有30岁的生理年龄，而不运动的人，20岁可能拥有40岁的生理年龄；心理年龄与心理成熟度有关，能否愉快接纳不完美的世界，能否与人顺畅交流，能否进行深度思考，是否愿意来一场说走就走的旅行……这些都对心理年龄有影响。我们既然拓展不了生命的长度，就去拓展生命的宽度，让自己安静下来，时刻保持探索世界的激情，提升思想的高度，把人生历练得多姿多彩。用心对待每一个小变化，慢慢地就能感觉到自己活出了和别人不一样的人生。

在未来的日子里，不管我们走到哪里，都要坚持做好以上四点。每天把身边的事情做好，让习惯成自然，等若干年后再回头看，我们就会不因虚度年华而悔恨，不因过往的选择而后悔，这些都会成为我们的人生底气。

惩罚不可能修好椅子。

3　教育孩子，改变自己，反求诸己

有人问泰勒斯："世界上什么事最难？"泰勒斯回答："认识自己。"又问："什么事最容易？"泰勒斯回答："给别人提建议。"

在教育孩子方面，我们应该反求诸己，想得到什么，先自己行动。每一个人容易做的事情，正如泰勒斯所言："给别人提建议。"作为家长，我们忽略了教育孩子的最佳路径其实是改变自己，自己不去改变，却要求孩子改变，是许多家庭教育失败的原因。

家长玩手机、打游戏，从不看书，却每天逼着孩子看书、写作业。家长把每天接送孩子上培训班的辛苦认为是对孩子的真心付出，却忽略了真正的用心付出是先改变自己，使自己变成自己想成为的人，自己做到了，孩子自然而然会改变。家长不能把自己的期望强加在孩子身上，如果想让孩子学会某种技能，拥有某种特质，家长必须自己先去做，树立榜样，不然孩子会认为不公平。

举一个例子，我每天下班后练一个小时毛笔字，慢慢地，孩子看在眼里，记在心里，偶尔也会在家里提起毛笔写毛笔字，自然而然也就爱上了练毛笔字。

我有一个亲戚，他有四个孩子，夫妻两人白天忙生意，回家后便躺在床上玩手机、看电视，或者打麻将、喝酒。家里地方挺大，就是没有书房，夫妻两人也从来不买书、不看书。亲戚已年过半百，体验过没有文化就会吃生活的苦的滋味，所以从孩子生下来，就立志让每个孩子都上大学，不能再让孩子吃生活的苦。为了让四个孩子成材，孩子一回到家，他便督促孩子读书、学习、写作业。看到别人家的孩子上辅导班，他不征求孩子的意见，就不惜重金给他们聘请专业老师进行一对一辅导，每年用于辅导的支出金额很大。总之，他想尽一切方法让孩子把所有的时间都花在学习上。我觉得亲戚为孩子的成长付出了许多，按理孩子的成绩应该非常好，但是四个孩子的情况让我百思不得其解。经过十几年的培养，四个孩子的成绩一直稳居班里后十名。我经常反思这件事，家长投入这么大，孩子仍然学习不好，问题到底出在哪里？

  我经过长期观察后才发现，亲戚宁愿不惜重金把孩子交给辅导老师，也不想自己陪孩子学习，他有时间打麻将、喝酒，却没有时间陪孩子玩、聊天。从物质层面看，亲戚的确为孩子的成长付出了很多，而他的付出对孩子来说价值并不大，是"假付出"，是没有用心的付出，或者说付出的方式不对。每次考试后，亲戚看到孩子的成绩那么差，就痛不欲生，愈加焦虑。

  家庭教育的根本不是家长改变孩子，而是家长反求诸己，自己不断学习和成长，与孩子建立亲密关系，这才是亲子教育最根本的核心所在。

第七章 自驱力才是家长给孩子的唯一行囊

父母好好学习，孩子天天向上。

第八章

给孩子们的信

《向阳花》

赢得孩子

1

文卓：

　　暑期结束了，首先感谢你在暑期照顾我们的生活。转眼间你要进入大三了，马上面临着考研、考公的选择，希望你能在以后艰苦的求学道路上坚守初心，砥砺前行。有几句话想与你分享。

　　超前思考、提前谋划。把自己的人生当作剧本，用二十分钟时间想想今后三十年自己的人生怎样度过才有意义，自己有什么优缺点，自己擅长做什么，找一条适合自己发展的道路，追求自己内在的成长，然后倾毕生的精力沿着这条路走下去。

　　坚持初心，筚路蓝缕。目标确定后，就要不忘初心，戒骄、戒躁，不遗余力地刻意训练、孤独行军，努力干成一点儿自己想干成的事。长期来看，人生没有多少对手，一辈子都是自己在跟自己较劲儿。一件事只要能坚持十年、二十年、五十年，甚至一辈子，熬过无人问津的日子、无人理解的日子后，你就能成为这个行业的专家。初心值得我们终生坚守，千万不要今天把昨天学的推翻，明天把今天学的推翻，东一榔头、西一棒槌地乱学，最后成了终生创业者，对哪一行都是浅尝辄止。

拙速前行，功不唐捐。练技能就如打篮球，篮球场上那些帮助球员取得胜利的虚假动作来源于球员扎扎实实练习的真动作，是需要下笨功夫的。在深耕的道路上要有钉子精神，打牢基础，拒绝贪巧求速的诱惑，耐住寂寞和冷清。时间是最公平的，时间花费在哪个方面，哪个方面便会有所成就，三四月份做事，八九月份自有收获。天底下最美好的事就是每一个秋天都不负那些流过汗的春夏。

不骄不躁，稳步推进。人，都有松懈的时候，意志力和专注力都是消耗品。工作学习无止境，要树立终生学习的决心，把自己的时间献给重要而不紧急的工作，工作结束后奖励一下自己，休息一下、运动一下，让自己有个盼头、有个指望，在轻松愉快的氛围中学习，我们才能坚持得更久，逼自己越少，越从容，越容易坚持。

不断拼搏，才是我们不断收获的底气。绝大部分人只在你成功时为你鼓掌，却看不到你历尽多少艰辛。别指望别人提醒你不忘初心，能让自己坚持而有所收获，并不断给予自己鲜花和掌声的，只有自己。要不断地提醒自己，现实中的一无所有正是我们需要努力奋斗的基石。努力吧，愿你有一个好前程。

祝

顺利！

爸

2022 年 9 月 21 日

2

文卓：

　　这次写信想给你聊聊有关写作的一些事。纵观历史，文采斐然的大家大都有勤于思考、勤于动笔的习惯，所以平时在大学里要养成多观察、多思考、多动笔的好习惯，每天写点儿感悟、经验。关于怎么写、写什么，我把我的经验分享给你，仅供你参考。

　　关于写什么。写你每天在生活、学习中遇到的事，分析你对此事的经验、感悟或者看法，然后用最简洁的文字写出来，这就是写作内容。切忌把经验范围以外的事情（不是你的经验或者与你经历的事情无关的经验）勉强写进来，所以作文就是写你的亲身经历、你的感悟，千万不要觉得自己的经验、感悟不配写，把你的经验按照一个中心思想聚拢起来就是一篇作文，把不符合中心思想的材料删掉便是一篇中心突出的好作文。中心也可以拿来做文章的题目，符合中心的写作材料越丰富，个人经验越深刻，文章就越能触动人心。

　　关于怎么写。思想产生语言，语言产生文章，三者是三位一体的。语言是思想的外在表现形式，文章就是把你想表达的语言以文字的形式呈现出来，所以写文章就是语言的书面呈现，文字是书面化的语言。文章写得好，说明你的语言表达能力强，语言表达能力强，说明你的逻辑思维能力强，所以我们平时在进行语言表达时，要留心锻炼自己的语言能力，随时注意不多说"废"词，不加过多的连词和语气助词，要用最简练的语言表达出你的意思，到这个地步，写作文就不觉得费事了。口头怎么说，笔下就怎么写，把语言变成文字。

总之，写作就是把自己感受深刻的生活经验，围绕一个中心，用最简单的文字表达出来。把作文当作生活的一部分，享受写作的过程，便是最好的写作方法。锻炼写作的方法就是多观察、多体悟生活，勤于动笔，围绕一个中心写文章。

祝
学业有成，每天进步一点点！

爸

2022 年 11 月 12 日

3

文卓：

今天是 2022 年最后一天，在辞旧迎新之际，首先祝愿你一切顺利。

今年，你在学业上取得了骄人的成绩，并顺利成为入党积极分子，确立了近五年的奋斗目标。这些成绩的取得离不开你踏踏实实一步一个脚印的努力。希望你不负燃烧的青春，继续努力，在学业上取得实质性的进步。在保持学习不断进步的同时，你利用假期帮助父母做了许多力所能及的家务劳动，逐渐自力更生，让父母对你将来独立生活很放心。

2022 年暑假，你和同学去连云港旅行，你保持每天健身、学习、做家务劳动的好习惯，这些小事处处都体现出了你的成长和自律。

"长风破浪会有时，直挂云帆济沧海。"我们每一个人都制订有伟大的计划，我们每个人都有力量去完成这个计划。这股力量就蕴藏在我们的身体、才能、勇气、坚韧、决心和品格中。好男儿志在四方，希望你不忘初心和使命，继续保持良好的生活和学习习惯，只求耕耘、不问收获，吃该吃的苦、吃该吃的亏，世界一定不会亏待一个不断持续进步的人。最慢的步伐不是跬步，而是徘徊；最快的脚步不是冲刺，而是坚持。在有限的生命里把人生历练得丰富多彩，才是我们立足于世界的根和魂。相信经过长期的坚持，你的才华就如你练就的八块腹肌一样充实和饱满。

最后，我分享罗翔的一段话与你共勉："每当我对世事忧心忡忡，但却心有不逮，就有一种声音提醒我：更多地爱你的家人、邻居，做好你当下的工作，对你遇到的每一个人传递善意与祝福。不要抱怨，不要放纵，更不要陷入绝望。一如笛卡尔所言：我不求克服命运，只求克服欲望；我不求改变世界，只求改变自己。"愿你在今后的岁月里，保持心灵宁静、生活勤俭、意志坚韧。

顺祝
心想事成！

爸

2022 年 12 月 31 日

4

文卓：

　　你好！

　　这一封信，我想和你聊聊如何做时间的朋友。对于时间，字典是这样定义的，时间是物质运动中的一种存在方式，由过去、现在、将来构成的连绵不断的系统。是物质的运动、变化的持续性、顺序性的表现。通过观察周围的人利用时间的方式，我把时间运用的方式分为两种，一种是把时间当作资本品，利用时间进行生产；另一种是把时间当作消费品，利用时间进行消费。常听到身边人这样说：做时间的朋友。我想他们应该是把时间作为资本品来使用，合理地利用时间，往往能改变事情或人的价值。时间是一种不可逆的无形资本。人的生命有限，每个人的时间都不相同，时间用在哪里，哪里就会开花结果。对于有目标、有理想的人来说，时间弥足珍贵。如果朝着一个方向不断努力、不断深耕，就会不断提升所做事的价值，时间越长，价值越大。如何才能更好地与时间做朋友？我有几点体悟与你分享。

　　不忘初心，砥砺前行。在人生初期（大学期间），应该静下心来，自己和自己对话，诚实地面对自己，剖析自己，认识自己，思考一下自己的长处，擅长做什么，兴趣是什么，一生要达到一个怎样的目标，立命之本是什么，定下一个能为之奋斗一生的长期目标，然后在解决温饱问题的前提下，不忘初心，忍受孤独，勇往直前。纵观历史上所有伟大人物，他们之所以取得成功，都有一段令人难忘的至暗时刻。往往经历的至暗时刻越长，取得的成就越大。他们在至暗时刻学到的那些知识和拥有的体悟，后来都给了他们超越名利的荣光。要时刻保持警惕，战胜人性的弱点，千万不能随波逐流，不要取得一些成就，就迷失在他人赞美的葬歌里。实践证明，不坚守初心的人最后大都输了。

兴趣志向，集中发力。坚持兴趣志向，有目标地去学习。人之所以能跟着自己的兴趣走，最重要的是对知识本身的渴望和热爱。要找到发自内心最想做的事情，定下为之不懈奋斗的长期目标、短期目标，按照计划有条不紊地日拱一卒，持续发力，朝着目标持续地前进，几十年如一日地深耕下去。要有打井工人的精神，即挖不出水决不换地方，只有这样，才有可能成为这个行业的佼佼者，才能实现常人不易实现的目标，取得常人难以取得的成绩。

拙速前行，日积月累。拙速是认准目标后，踏踏实实前行的不疾而速。在拙速前行的途中，要和时间做朋友，守得云开见月明，相信未来可期并躬身入局，要战胜人性弱点，拒绝各种诱惑，要有每天进步一点点的信念和决心。要如电影《阿甘正传》中的主人公阿甘一样，自觉屏蔽掉外界嘈杂的声音，戒骄、戒躁，专注自己的内心，始终保持自己的节奏和方法，坚定地向目标前行。在做事时拙速前行，长时间在一件事上打磨，才有可能成为一个行业的佼佼者。

珍惜时间，功不唐捐。时间就是我们的生命。时间就是做事最大的成本，而且这个成本是不可逆的，是金钱买不来的。我们把每一分、每一秒用在了哪里，并长期坚持下去，哪里就会发光发亮。人与人之间最大的差别就在于如何利用工作、休息之外的8小时。要珍惜时间，就要拒绝内耗。内耗表面上看不见、摸不着，却能让我们经常陷入纠结、焦虑、抑郁中。我们要时刻让时间围绕初心服务，积极行动，就会惊喜地发现内耗在不知不觉中烟消云散。围绕目标做事，就如微积分原理，从任意一个时间点来看，看不出目标实现的任何迹象，但积累到一定的时间量，目标就会实现。未来谁也把握不了，能把握的只有现在，而你未来的高度正是由当下每一秒的努力所组成。

终生学习，方得始终。青春不设限，永葆青春朝气，不能被人的社会年龄所限制，要不断学习，不断成长，不断进行深度思考，把学习当作终身事业。使自己永葆青春朝气，像木心所说："死亡对我是休息。"终生学习不是说必须考个什么证书、取得什么学位，也不等于每天读书、写作，而是在自己的岗位上日拱一卒，每天进步一点点，今天比昨天强就够了。

与时间做朋友，就是不虚度光阴，长期坚持兴趣志向，集中发力，日积月累，最终一定能实现常人不易实现的目标，取得常人不易取得的成绩。

越是简单的道理，越难以践行。要时刻与人性的弱点作斗争，战胜人性的弱点，不争一时之长短，内观自己，按自己的节奏拙速前行。世界上最快的捷径，从来不是投机取巧、贪巧求速，而是踏踏实实、一步一个脚印地去打磨自己，提升自己的能力。时间告诉我们，成功是一万次的千锤百炼之后第一万零一次的举重若轻，想做成一件事，就要把握好做事的尺度和节奏，以慢为快，厚积薄发。

爸

2023 年 8 月 10 日

5

文卓：

　　最近一段时间，我总在思考人生的意义，也买了许多有关人生的书来读。其中给我启迪最大的是季羡林先生对人生的看法，与你分享一下，一起共勉。

　　在《季羡林谈人生》这本书中，季羡林先生用几篇文章谈论人生的价值和意义，最后他给出自己对人生的看法：对世界上绝大多数人来说，人生一无意义，二无价值。他是这样认为的：走运时，手里攥满了钞票，整日燕窝鱼翅胡吃海喝，玩一点儿小权术，耍一点儿小聪明，昏昏沉沉、浑浑噩噩地恣睢享受，等到钻进骨灰盒，也不明白人生为什么而活；不走运时穷困潦倒，终日为衣食奔波，愁眉苦脸，长吁短叹，即使解决了温饱问题，然而也困于名缰，缚于利索，同样浑浑噩噩，不明白为什么而活。

　　怎样才能活得有意义、有价值呢？必须找到能为社会、为国家、为人民做出一定贡献的事业，即想用一生去钟爱的工作，有了这份你能为之全身心投入的工作，生活就有了一个核心，有了奋斗的目标，心就能安顿下来，人生也就被赋予了某种意义和使命。做好这份事业，就是在为人类社会发展做贡献。贡献不论大小，只要能坚持做即可。事业是承上启下的发展创造，人的生命是有限的，唯有创造才能战胜有限的生命，唯有创造才能用生命去交换比生命更持久的东西。生命虽然停止了，但创造的作品长存，通过作品表现出的你的思想还在。

创造有三个要素。第一是无条件的爱。你必须把无条件的爱投入一个对象上面，不求回报、不索取，如果没有无条件的爱，时间久了，人就会变得麻木不仁，就会懈怠。第二是拙速。要有耐心，要慢下来，不能急于求成，要做时间的朋友，唯有小火慢炖，作品才能入味，心血才能浸入作品，唯有在慢中才能创造出世间珍品。第三是宁静。唯宁静才能致远，全身心地投入一项工作。生命的状态最单纯时，时间流逝得最慢；创造力最丰富时，心往往是最安静的。心安，便是活着的最美好的状态。

每一代人都有所处时代的难处和困惑，如果真要为人生的意义与价值下定义的话，那人生的意义与价值就在于找到自己能为人类社会发展服务一生的心仪的事业，并承前启后地发展好。在今后的人生中，我们要坚持自己的兴趣志向，不忘初心地发展好自己的事业。

爸

2023 年 8 月 15 日

6

告别2023，不忘初心，展望2024，拙速前进
——给文卓的压岁信

亲爱的文卓：

岁月不居，日月如梭，2023年即将过去，坚持、有责任感是你的代名词。新的一年即将到来，不觉间，我和你都长了一岁。此时此刻，爸感慨颇多，想付诸笔端，记录心中感言。一年来，你在努力中不断前行，尽管喜忧参半，但无论结果如何，一切终成过往。在今天，一定要给自己一个大大的拥抱，感谢在过往的日子里，一路坚持的自己。2024年，仍要不忘初心，砥砺前行，相信未来的你一定会花开满园。在辞旧迎新之际，与你分享三句话，一起共勉。

第一句：坚持终生学习。永远保持对世界的热爱，命运永远垂青那些有准备的人，书籍永远是你最好的朋友。长期不读书，看似对你的生活没有太大的影响，但是一秒钟看清事物本质的人和一生都看不清本质的人是有很大区别的，这往往和读书多少有

关。所以在学习这件事情上，一定要踏踏实实，拙速前行，不要成为自欺欺人的聪明人。纵观历史上的杰出人物，定力和耐力才是决定他们能走多远的关键因素，和聪明于否没有太大关系。聪明人一般算投入与产出比，如果产出比低，聪明人马上就会改变方向，能坚持到最后的往往都不是聪明人。希望我们都成为笨的读书人。

第二句：坚持内观自己。一生中，有多少人喜欢你，就有多少人不喜欢你。外界的声音在很大程度上会影响你的思想，给你带来阵痛。此时，一定要静观自己，倾听自己内心的声音，活在自己心中，认识自己真正想要什么，自己的方向在哪里，不忘初心。不要仅仅为了追求别人的认可，活在别人嘴巴里，陷入内耗，最后活成了四不像，浪费了许多美好时光。你追求的目标越清晰，你的定力就越大，顿挫感就越强。切记，人生是用来体验的，不是用来演绎完美的，自己就是一个普通人，要允许自己犯错。只要方向正确，坚持拙速前行，未来的你一定会成为一个平而不凡的人。希望我们成为顿挫感强的平而不凡的人。

第三句：坚持兴趣志向。人生重要的不是活着，而是要思考怎样活才更有意义。怎样做才能对社会、对人类更有意义？尽早找到自己的人生方向和目标，但是这个方向和目标绝不能仅仅是金钱。如果一味追求金钱，那目标就错了。金钱是你做对事情后的附属品，是方便生活的一种工具，千万不能把它作为整个人生追求的最高目标，如果把它作为追求的最高目标，人就会沦为金钱的奴隶。所以，要站在生命的高度来定自己的人生目标，坚持利他性的兴趣志向。当你在既感兴趣又对他人有利的领域中工作时，自然而然就有钱了。

人生的方向一直掌握在自己手中，在未来的生活中要控制好自己的情绪，把握住自己的幸福。不要怕黑夜，熬过黑夜就是光明，在顺境中多做事，在逆境中多读书。

爸爸
2023 年 12 月 31 日

7

小岳岳：

今天是2022年最后一天，在辞旧迎新之际，首先祝愿我的孩子健康、快乐成长。一年来，我们全家总共召开了35次家庭会议。通过家庭会议，能看到你有新的收获和进步。和你在一起的分分秒秒，你不仅给我带来欢乐，而且成为我学习的榜样，并每时每刻都在温暖着我。

2022年，通过举办多种家庭活动，我们的关系进一步升温，我们成了形影不离的好伙伴。比如，一起做木头小汽车，一起去北京，一起演情景剧，一起读书，一起写毛笔字，一起画画，一起打闹……

一年来，在我们一起玩耍中，你不知不觉地慢慢长大。你用善于观察的眼睛和善于思考的大脑不停地感知这个世界，你偶尔不经意的出口成章让我非常吃惊，你主动学习的能力更是让我佩服。特别是写字这个难题，对于四岁半的你来说，难度不亚于我学开车，而你却能不厌其烦地一遍遍地练习，并表现出极大的兴趣和耐心。对于认字，你更是饶有兴趣，不放过你想认识的每一个字。记得有一次出去玩耍，你看见广告上写了一个"出"字，脱口而出说"两个山"，我从内心佩服你的专注精神。对于学习，你不放过任何机会。我们利用每天放学后的两个小时一起背诵了30首唐诗宋词，而且你背得声情并茂："莫听穿林打叶声，何妨吟啸且徐行……"我和妈妈常忍俊不禁。

　　更让我佩服的是你的自律，有时你自律得让我心疼。记得11月的一天晚上，你饿了，想吃饼干，但你能遵守家庭会议中睡前不吃零食的约定，喝两口水就睡了；看电视结束的时间一到，你就能自觉关掉电视……这些都是我们大人应该向你学习的啊。

　　你值得我们大人学习的地方太多了。为了遵守我们四个月前的约定，我用你的零花钱买了一台兰博基尼玩具汽车，放在了你的枕头下面。最后，爸爸祝愿你按照自己的方式不断成长，成为最好的自己。我并不关心你的学业成绩是否最好，唯愿你成为一位健康、勤劳、生命多姿多彩的快乐少年。

爸爸
2022年12月31日

8

小岳岳：

今天是 2023 年 6 月 3 日，是你五岁的生日。从去年的六一到今年的六一，一年时间又过去了。在这一年中，你给我们带来了许多欢乐，丰富了我们的人生经历。与你共同的生活经历是你给我们的珍贵礼物。回想起来，你由四岁到五岁，陪伴我们又度过了快快乐乐的一年，我心中不禁泛起幸福的喜悦。这一年也成为砥砺我们前行的磨刀石。

一年来，我们一起去了五岩山、青年洞，到过北京、张家界、敦煌，一路上热热闹闹、有说有笑。你自己去景区卫生间，自己爬上青年洞、五岩山、五龙洞，晚上自觉关闭电视读书。在北京、郑州银基动物王国，你顶着高温自己走完旅途全程……旅游，不仅开阔了你的眼界，增加了你的见识，还让我们之间的关系更加亲密，也磨炼了我们的意志。

一年来，我们召开了 35 次家庭会议。你不仅坚持诸如读书、做小实验、刷牙、收板凳等好习惯，还做给家人开门、刷锅等力所能及的小事。同时，在家人的共同帮助下，你养成了很多好习惯，如由不规律的生活习惯到现在的规律作息，由不会用筷子到现在运用自如，由开始的哼哼唧唧不敢表达到今天的大胆上台表演，由恐惧洗头到敢于洗头，由不会穿衣服到会穿衣服，由见到外人害羞到主动大方礼貌地去向别人打招呼……这些变化让我感觉到你才是我们学习的榜样。

　　一年来，我们一起做蛋糕、做树叶标本、做盆景、做化石，一起背诵古诗词，一起画《勇气》绘本，一起吹萨克斯，一起写毛笔字，一起为破损的井盖做警示牌，一起创作场景剧……在每一次活动中，你都使我明白快乐其实很简单，就是活在当下。

　　一年来，你不经意的话语让我们忍俊不禁：在五龙洞，你说虽然你的速度慢，但你的坚持力强；在五岩山，你说你好像在世界的盆景里行走；在张家界，你说你终于见到一根一根的山了；清明节晚上睡觉时，你说你不想死去，然后哭了；在街上行走时，你说世界好像蜘蛛网；在家里，你说爸爸为什么只看手机，不看你啊……我发现你还是一位哲学家。

　　…………

　　我们从你对世界的专注中，明白活在当下的重要性；从你的创造性玩耍中，明白摆脱过去经验的重要性；与你的交锋，增强了我的意志力；你对死亡的最初思考，让我们更加珍惜生命。回想起一年来的时光，所经历的一切仿佛都历历在目。

　　最后，爸爸祝愿你如其所是地成长，把自己历练成一位健康、快乐、勤俭、拙速、坚韧、生命多姿多彩的平凡人。

爸爸
2023 年 6 月 3 日

9

在运动中成长，在快乐中学习

小岳岳：

不经意间，我们已经相处了七个春秋，其间，你给爸爸带来了许多喜悦和希望，拓展了爸爸生命的厚度和长度，增加了爸爸生命的浓度。因为有你，爸爸的生命更加富有意义。你马上就要成为一年级的小学生了，在此爸爸想对你说："有你，真好！让我们继续携手前行，做一对形影不离的好朋友，在运动中成长，在快乐中学习。"

回首往事，我们在柴米油盐、欢声笑语的日常生活中共同度过了2500多天，爸爸见证了你从爬行到直立行走、从牙牙学语到精准表达、从喂养到独立吃喝拉撒睡、从离不开家人到能够独自上幼儿园、从哼哼唧唧地不敢表达到大大方方接受电视台采访（在河北省博物院）的学习和成长……你的身体长到了120CM，体重长到了22KG。你每时每刻都在不停地进步。你的成长点滴，爸爸历历在目。你茁壮成长的力量时刻温暖着爸爸，给爸爸的生命注入了新的活力，激励着爸爸。爸爸要以你为榜样，不惧困难，勇敢成长。

　　爸爸学习你兴趣爱好广泛。我跟着你参观博物馆、画国画、做蛋糕、做盆景、做陶艺、做梅花造型、做泥塑汽车、画立体画、做插花、画石头画、抛气球、跑步、跳绳……有时，爸爸觉得很无聊的一个事物，你却能从独特的视角去观察实践，饶有兴趣地观察半天。比如，爷爷家院子里的蚂蚁，你能聚精会神地趴在地上观察半天；做阳台上花盆内的石头景观时，爸爸惊叹你的巧妙布局；在每一个博物馆里，面对着一件件上千年的历史文物，你能仔细琢磨它们，并且熟练掌握它们的特点，给爸爸讲解时，如数家珍。

　　爸爸学习你惊人的学习力。七年，漫长又短暂，在这 2500 多个日日夜夜里，你才是我们家里真正的学习者。爸爸每天都能感觉到你在大踏步地"飞奔"，从不能自理到主动刷锅洗碗，从不会写字到写出漂亮汉字，从"历史小白"到立志上北大考古系，从不会 ABC 到认识几百个英文单词，从"绘画小白"到成功举办了自己的第一届画展……你从不放过任何一次学习的机会，每天利用放学后的时间背诵唐诗宋词，而且背得声情并茂："莫听穿林打叶声，何妨吟啸且徐行……"即使晚上睡觉，你也听着有声书入眠。跟着你，爸爸也学会了许多知识。最近，你又不厌其烦地教爸爸学会了京剧《说唱脸谱》中"……黑脸的张飞叫喳喳……"的叹音。

　　爸爸学习你观察事物时的细心。对于大自然，你更是用你善于发现的眼睛，观察生物的细微差别。你是善于发现路边的一球悬铃木、二球悬铃木、三球悬铃木的观察者，也是善于发现五叶梅没有花芯、做铁锈小实验时铁的细微变化的细观者。爸爸和大自然在一起生活了40多年，有时候竟然还没有你了解得多，爸爸佩服你细心观察的习惯和坚持主见的性格。

爸爸学习你的坚韧性格。一次，我们全家都感染了病毒，你一下高烧到40.5摄氏度。当时我们俩在一起，你不哭不闹，坚持读书、写毛笔字、玩游戏……打预防针时，许多小朋友都因为害怕大哭，而你却平静地告诉我："给我勇气，我就不怕打预防针了。"我们一起去敦煌莫高窟、青海湖、神农架、张家界、三星堆、云冈石窟、恒山……你和我们大人一样，克服困难，有始有终。在恒山峰顶，你说："一鼓作气，坚持到底就是胜利。"你如此坚韧，有时让我和妈妈心疼。

爸爸学习你的自律。自从认字后，你每天晚上坚持自己读书、画画、写字。无论节假日，无论在家还是在旅行途中，你都能够坚持做自己喜欢的事情，慢慢地养成了良好的习惯。你学会了拼音、数字、认钟表，掌握了很多英语单词、历史知识，字也写得越来越好。

爸爸学习你做事时专注的精神。你在博物馆里写生，趴在地上观察汽车运行的特点，观察小蝌蚪和西红柿的生长变化，做积木、挖掘盲盒……这些你都能长时间地安静去观察并研究。

…………

爸爸需要向你学习的地方太多了。在今后的日子里，爸爸仍然会以你为师，不断向你学习。

新学期，新气象，爸爸给你买了一套新衣服和文具，放在你的衣柜里了。最后，爸爸祝愿你顺利成为一名小学生。在你读小学阶段的每一天，无论你遇到什么困难，我们都会陪伴在你身边，给予你支持和前行的力量。无论你的人生道路如何变化，记得家永远是你最坚实的后盾。愿你在新的学校里勇敢地迎接每一个挑战，听老师的话，团结好同学，健健康康、开开心心，从容长大，做一个爱运动、上进、专注、友善的小朋友，绽放最耀眼的自己。

爸爸
2024 年 8 月 20 日

第九章

关于心理学的几个概念

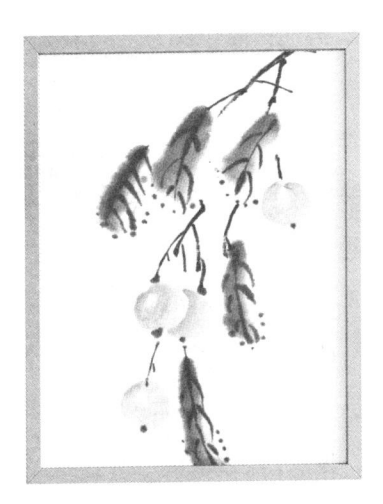

《枇杷》

关于心理学的几个概念

1. **鼓励**：激发、勉励，通过给予正面的激励、支持或肯定来促使某人增强信心、积极行动或持续努力。鼓励的目的是让人们拥有立足现在、不惧未来的勇气。

2. **勇气**：敢作敢为、毫不畏惧的气概。从心理学角度看，勇气是个体面对恐惧、危险、困难、痛苦或不确定性时，依然能够坚定地朝着目标前进，克服内心的恐惧和阻碍的一种心理品质。人唯有在能够感觉自己有价值时才能产生勇气，勇气是我们可以相互给予的东西。

3. **价值感**：个体对自身存在意义、重要性以及自身价值的主观感受与认知。从自我认知角度来看，价值感体现为一个人对自己能力、品质等方面的肯定。例如，当一个人擅长绘画并创作出优秀作品时，他从内心深处感受到自己在艺术创作方面的价值，这种对自己价值的积极感受就是价值感的体现。在社会关系方面，价值感还与他人的认可和社会贡献相关。如果一个人在工作中得到同事和领导的高度评价，或者他的行为对社会有益，受到社会大众的赞赏，他就会感受到较高的价值感。这种价值感能激励个体积极参与社会活动，不断提升自己，以实现更大的自我价值。

4. **安全感**：从内心深处感受到的安全、稳定、受保护、被信任的心理状态。安全感产生于生命不成熟的时期与关键人物的互动过程，孩子在遇到困难时可以从他人那里寻求帮助和保护，并反复验证身边有可信赖的人能随时给予他帮助时，就会满怀信心地接近这个世界，在面对有潜在危险的状况时能够有效地处理问题。

5. **归属感**：指个体与所属群体之间的一种内在联系，是个体对团体或环境的认同，并被团体和环境接纳以及感觉自己是其中一员的心理状态。在家庭方面，归属感表现为家庭成员之间拥有良好的亲密关系，并相互认同。在社交群体中，当个体在一个团队、社团或朋友圈子里，能够被他人接受、尊重，和圈子中的成员有着共同的兴趣、目标或价值观时，就会产生归属感。就社会层面来说，当人们认同所在国家或民族的文化、传统、价值观等，并且感觉自己在这个社会中被认可、有自己的价值时，就会产生社会归属感。

6. **贡献感**：指个体感觉到自己对他人是有用的，这种感觉不仅来自外界的认可，更来自内心的感受。它可以在通过实际行动为他人和社会做出贡献时产生，如在家庭中的温馨支持、社区中的互助成长或职场中的协作共赢。从人际关系角度来看，在家庭中，成员通过承担家务、照顾家人等行为，若感受到自己对家庭和谐与幸福有所助力，就会产生贡献感。在工作中，当人们意识到自己的工作成果对团队目标的达成、公司的发展有积极意义时，便会体验到贡献感。就社会层面来说，志愿者参与公益活动，帮助弱势群体，因为自己的付出改善了他人的处境，就会产生贡献感。这种感觉有助于提升个人的自我价值感、成就感和幸福感，激励人们投入到更多对他人和社会有益的活动中。

7. 自立：指个体依靠自身的力量和资源，独立自主地处理事务、解决问题并实现自身发展的能力与状态。从经济层面看，自立意味着能够通过自己的劳动或其他合法途径获取经济收入，满足自身基本的物质生活需求。在生活方面，自立表现为具备独立生活的技能。从心理和人格角度来说，自立的人有自己独立的思想、判断能力和决策能力，能够自我激励、自我约束，在面对困难和挫折时，能凭借自己的意志和智慧去克服它们，而不是过度依赖他人给予的精神支持或指导。

8. 尊重：从人际关系角度看，尊重意味着认可他人的人格、权利、观点、感受和选择等。在生活中，尊重主要体现在不歧视他人，以平等、公正的态度对待每个人，并认识到其独特个性的能力，努力使对方成长为他自己。从社会层面来说，尊重体现为遵守社会的法律、道德规范，尊重社会公序良俗。在自我层面，还体现为尊重自己，包括珍视自己的人格、尊重自己的身体、重视自己的感受、维护自己的权利等。尊重自己的人不会轻易贬低自己，也不会让他人随意践踏自己的尊严。

9. 自尊：个体对自己的一种主观评价和感受，是对自身价值、能力和自身重要性的整体认知与体验。从内在情感方面来说，自尊包含自我尊重、自我喜爱，表现为对自己的认可和接纳。在社会比较层面，自尊与个体在社会关系中的地位和形象感知有关。当个体认为自己在群体中被尊重、被重视，且自身能力与成就得到认可时，就会有较高的自尊感。自尊还体现在维护自己的人格尊严，不容许他人随意侮辱、贬低自己，并且在面临可能损害自己尊严的情况时，会采取积极的行动来保护自己。

10. 自律：指个体能够依据一定的社会规范、道德准则或自我设定的目标，主动地约束、管理自己的思想、行为和情绪的能力与状态。在行为方面，自律表现为自我约束，能够克制自己不去做不符合规范或不利于目标达成的事情。在思想层面，自律意味着能够自觉地排除杂念，保持积极正向的思考方式。在情绪管理上，自律体现为能够合理地控制自己的情绪反应。当遇到挫折或他人的冒犯时，不会被愤怒、沮丧等情绪过度左右，能保持冷静并理智应对。

11. 表扬：传统的表扬往往是由上至下的评价，如"你是最聪明的孩子"，这种表扬将孩子置于一种被评判的地位，与孩子建立起一种不平等的纵向关系。阿尔弗雷德·阿德勒反对这种具有纵向关系暗示的表扬，阿德勒式的表扬更注重平等关系，是对孩子具体行为、品质的尊重与认可，更侧重于孩子的实际行动和努力过程。例如，"你在小组讨论中积极分享自己的想法，这对大家很有帮助"，这里强调的是行为本身以及对集体的贡献，而不是对孩子能力等方面的一种居高临下的评判。

12. 批评：指对他人的思想、行为、作品等指出缺点和错误并加以否定的一种行为或表达。阿尔弗雷德·阿德勒认为批评不能为了贬低或惩罚个体，而应为了引导其成长和改进。例如，在教育情境中，教师对学生的批评不是为了让学生感到羞愧或自卑，而是要帮助学生认识到自己的行为存在的问题，从而让学生朝着积极的方向发展。

13. 发怒：指教育者一种较为强烈的负面情绪状态。它通常在教育对象的行为违背了教育者预期的教育目标、行为规范或道德准则时被触发。发怒可能会中断正常的教育过程。当教育者发怒时，往往会将注意力从教育内容转移到对学生不当行为的不满情绪上，可能导致原本有序的教学或教育活动无法顺利进行。同时，过度发怒可能会对学生的心理产生负面影响，如引起学生的恐惧、抵触情绪，不利于良好师生关系的建立，能让孩子对自己犯的错误很快释怀。

14. 斥责：是教育者针对教育对象的错误行为所采取的一种较为严厉的言语批评行为。它比一般的批评更具强度和否定性。斥责的目的在于使教育对象认识到自己行为的错误性、严重性，从而促使其改正错误。但如果斥责不当，如使用侮辱性语言，在公共场合过度斥责孩子而不顾及孩子的自尊心等，可能会对孩子的自尊心、自信心造成伤害，引发孩子的逆反心理，影响教育效果，而且能让孩子对自己的错误很快释怀。

15. 信任：是一种基于他人或事物可靠性、真实性、能力和善意的信念而产生的心理状态或社会关系。

16. 信赖：是一种比信任程度更深、更具情感依赖的心理状态。从人际关系角度来说，信赖是指个体对他人有着深度的信任，这种信任建立在长期的了解、积极的交往经验以及情感联系之上。是无条件地相信，相信的是"那个人本身"，而不是他所具备的外在"条件"。

17. 脚手架：是教育者为帮助孩子完成超出其当前能力水平的学习任务而提供的一种临时性的支持结构。例如，在教授复杂的数学问题时，教师可能会先给出一些解题框架，这个框架就是脚手架。它就像建筑中的脚手架一样，辅助学生逐步构建知识体系。脚手架有助于学生将新知识与已有的知识经验联系起来。随着学生能力的提升，教师会逐渐撤去脚手架，让学生逐渐学会独立思考和解决问题，实现从依赖教师提供的支持到自主学习的过渡，从而提升他们的学习能力。运用脚手架时，有两条原则：一是当孩子遇到困难时，成人应立即提供帮助；二是当孩子干得很好时，成人应减少帮助，减少干涉，这一过程要求指导者和孩子互动合作，并逐渐让孩子承担完成任务的责任。

18. 平等：阿尔弗雷德·阿德勒强调人应在人际关系中建立横向关系，即平等关系。他反对纵向关系中一方对另一方优越或对对方从属地位的定位。例如，在家庭中，父母与孩子不应是命令与服从的纵向关系，而应是平等的横向关系。父母尊重孩子作为独立个体的尊严和权利，孩子也尊重父母的经验和建议。

19. 责任感：是指个体自觉地对自身的行为、决策及其后果所承担的一种心理状态和态度。具有责任感的人在行动之前会考虑行为的合理性和合法性，并愿意承担相应的后果。

20. 自驱力：是学生自身产生的一种内在驱动力，是促使他们积极主动地参与学习的过程，而不需要外部过多的督促，自发地让自己变得更好的能力。自驱力与学生对自我价值的追求密切相关，当学生意识到通过学习可以提升自己的能力、实现自己的理想、成为更好的自己时，就会产生自驱力。

21."鸡娃"：是一种教育现象的通俗说法。在"鸡娃"模式下，家长通常会对孩子的教育进行高强度的投入，同时伴有大量的经济投入。在一定程度上，"鸡娃"可能会带来孩子学业成绩的短期提升，但从长期来看，"鸡娃"可能会给孩子带来较大的身心压力。孩子长期处于紧张的学习状态，缺乏足够的休息和娱乐时间，身心健康会受到影响，可能会产生焦虑、抑郁等情绪问题，并因此丧失学习兴趣。"鸡娃"现象是由于家长的过度"焦虑"造成的，是家长对孩子未来不确定性的恐慌，并把这种恐慌转移到孩子身上。

22.课题：阿尔弗雷德·阿德勒提出了"课题分离"这一重要概念中的"课题"相关理论。阿尔弗雷德·阿德勒认为，判断一件事情是谁的课题有一个简单的准则，那就是看某种选择所带来的结果最终要由谁来承担。例如，从结果来看，孩子未来的发展很大程度上取决于他自身学习知识和技能的情况，所以学习是孩子的课题。如果父母过度干涉孩子学习，将孩子的课题当作自己的课题，就容易引发亲子关系的紧张。

23.赢了孩子：通常指家长或教师通过使用自己的权力、权威，迫使孩子服从自己的要求或决定的现象。例如，家长命令孩子必须在某个时间前完成作业，孩子稍有反抗就会受到家长严厉的斥责或者惩罚，孩子最后只能无奈地按照家长的要求去做。在这种情况下，家长往往在这场"对抗"中获胜，达到了让孩子听话的目的。从表面上看，孩子虽按照大人的意愿行事，家长或教师得到了自己想要的结果，但这种"赢"往往只是短期的，孩子可能只是出于害怕被家长惩罚而暂时顺从，内心却充满怨恨、不满或者抵触情绪，并没有真正理解和接受大人的要求。这种"赢了孩子"的方式会损害大人与孩子之间的信任关系。孩子可能会逐渐疏远家长或教师，不再愿意与他们沟通自己的真实想法和感受，孩子的自主性和责任感也因此得不到发展，因为他们总是在被迫接受命令，没有机会去思考自己的行为、做出自己的选择并承担相应的后果。长期下去，孩子可能会缺乏独立解决问题的能力和自我管理的能力。

24. 赢得孩子：指成人与孩子建立深厚的情感连接，成人真正关心孩子的感受、需求和兴趣。大人赢得孩子不是通过命令，而是通过引导，这有助于培养孩子的自律能力。当孩子感受到被尊重和被信任时，他们更有可能自觉遵守规则，在家庭或学校环境中产生强烈的归属感和价值感，这种感觉会促使他们积极健康地成长，更有勇气面对生活中的挑战。

结 语

教育的目标是培养孩子自立。自立是自我独立，自己的事情自己做，也指有主见、主意，不为外力所干扰。培养孩子自立的前提是挖掘孩子的自驱力。自驱力是什么？欧洲开明专制君主第一人腓特烈大帝强迫自己每天凌晨4点起床，命令仆人在他不愿起床时，扔一条冷毛巾到他脸上。另外，科比说："我的成功并不是因为天赋或才能，而是从每天凌晨4点开始的苦练。"李嘉诚更是连续工作了78年，在90岁高龄时才宣布退休。这些人都是站在金字塔尖的人，他们成功的原因虽有很多，却有一个共同的要素——拥有自驱力。自驱力就是一个人不需要外界的推动，有自发地让自己变得更好的能力；即使在获得成功后，仍然有推动自己不断前进的能力。自驱力是家长唯一能送给孩子的行囊。有了自驱力，孩子才能在以后的生活中行稳致远，始终对生活保持极大的热情。

拥有自立的人往往具备三个条件：

1. 能够独立做出选择。
2. 能够独立判断自己的价值，即能做到自尊。
3. 摆脱自我中心主义，有贡献感。

拥有自立和自驱力的基石是孩子有自我价值感。生活中，我们只有与孩子建立了良好的亲子关系，才能更有效地培养孩子的自我价值感，才能在孩子需要帮助的时候给予他们最有效的指导。如何建立良好的亲子关系，是我们每一位家长必须学习的课题。任何一种成功都弥补不了教育的失败、亲情的缺失，也无法保障优良的家风传承。人生苦短，教育路长。

本书是我们在养育两位男孩时的一些感悟和20年的家教总结。养育大孩儿时，我们初为父母，对育儿懵懵懂懂，每天不知所措，在痛苦和茫然中度过。幸好我们是亲自养育孩子，与孩子培养了良好的亲子关系，看着孩子一天天长大，每天都有新的进步，自驱力十足，我们也信心百倍。养育二孩儿时，我们认识到养育不仅仅要有良好的亲子关系，还要有科学的方法和技巧，便开始认真研读各种教育图书，认真观察孩子的成长规律，做孩子的专家，胸有成竹地迎接孩子成长的每一个里程碑，兼收博蓄，不断进取，与孩子的关系更加亲密。与孩子一起成长的路程虽然充满辛苦，但我们得到收获时也异常喜悦，本书的面世也是另外一种收获。

在此，首先要感谢孩子们，愿意和我成为伙伴，以至于父子相互成长，让我拥有源源不断的力量，把心得体悟付诸文字。也感谢我的家人，在育儿之路上与我携手前行。同时感谢教育局李巨发主任、文心出版社的李春艳老师，以及我的朋友、同事，没有你们的支持，就没有现在的收获。

因水平有限，欢迎各位家长、同人提出宝贵意见，在育儿的路上，我们一起同行。

赵马林

参考书目

1.《家庭教育》，陈鹤琴著，商务印书馆，2019年。

2.《教育就是养成习惯》，叶圣陶著，万卷出版有限责任公司，2022年。

3.《和孩子划清界限》，小巫著，民主与建设出版社，2008年。

4.《跟上孩子成长的脚步》，小巫著，民主与建设出版社，2007年。

5.《不一样的成长》，周成刚著，新星出版社，2022年。

6.《如何培养孩子的社会能力》，[美]默娜·B.舒尔 特里萨·弗伊·迪吉若尼莫著，北京联合出版公司，2018年。

7.《幼儿家庭教育指南》，钱志亮主编，江西高校出版社，2020年。

8.《高成就孩子的教养法则》，[加]罗纳德·弗格森、塔莎·罗伯逊著，中国纺织出版社有限公司，2021年。

9.《聚焦家庭教育》，王文忠、邓兰勤著，中国商务出版社，2018年。

10.《孩子是个哲学家》，[意]皮耶罗·费鲁奇著，上海社会科学院出版社，2016年。

11.《蛤蟆先生去看心理医生》,［英］罗伯特·戴博德著,天津人民出版社,2020年。

12.《正面管教》,［美］简·尼尔森著,北京联合出版公司,2016年。

13.《被讨厌的勇气》,［日］岸见一郎、古贺史健著,机械工业出版社,2015年。

14.《幸福的勇气》,［日］岸见一郎、古贺史健著,机械工业出版社,2017年。

15.《不管教的勇气》,［日］岸见一郎著,晨光出版社,2018年。

16.《父母的教育》,［日］西村博之著,民主与建设出版社,2023年。

17.《做从容的父母》,尹烨著,广东经济出版社,2023年。

18.《季羡林谈人生》,季羡林著,华东师范大学出版社,2016年。

19.《谁拿走了孩子的幸福》,李跃儿著,国际文化出版公司,2013年。

20.《孙子兵法译注》,郭化若撰,上海古籍出版社,2012年。

21.《陪孩子终身成长》,樊登著,中国友谊出版公司,2020年。

22.《悉达多》,［德］赫尔曼·黑塞著,天津人民出版社,2017年。

23.《儿童人格形成及培养》,［奥地利］阿尔弗雷德·阿德勒著,上海三联书店,2017年。

24.《童年的秘密》,［意］玛利亚·蒙台梭利著,中国长安出版社,2010年。

25.《你就是孩子最好的玩具》，[美]金伯莉·布雷恩著，南方出版社，2019年。

26.《孩子真正需要什么》，[瑞士]Hildegard.Ressel著，中国轻工业出版社，2002年。

27.《儿童教育心理学：儿童的人格形成与培养》，[奥]阿尔弗雷德·阿德勒著，台海出版社，2018年。

28.《自驱型成长》，尹丽华著，四川人民出版社，2021年。

29.《给孩子最好的礼物》，李兆良著，湖南教育出版社，2021年。

30.《儿童心理学》，[英]H.鲁道夫·谢弗著，电子工业出版社，2016年。